AMERICA EN EL HORIZONTE

COLECCION DE ESTUDIOS HISPANICOS

EDICIONES UNIVERSAL. Miami, Florida, 1980

ERNESTO ARDURA

AMERICA
EN EL HORIZONTE

(Una perspectiva cultural)

EDICIONES UNIVERSAL

P.O. Box 450353 (Shenandoah Station)
Miami, Florida, 33145, U.S.A.

© Copyright 1980 by Ernesto Ardura

Diseño de la Portada: Gus Ardura

Library of Congress Catalog Card No: 79-54965

ISBN: 0-89729-240-5

Depósito Legal: B. 10.268-1980

Printed in Spain   *Impreso en España*

Impreso en el complejo de Artes Gráficas MEDINACELI, S. A.,
General Sanjurjo, 53, Barcelona-24 (España)

Para Adria, con
acendrado cariño

Sé firme en tu fe, corazón mío, que ya amanecerá. La semilla de la promesa está en lo hondo de la tierra y brotará un día. Como un capullo, el sueño abrirá su corazón a la luz, y hallará su voz el silencio.

RABINDRANATH TAGORE

INTRODUCCIÓN

La interpretación del proceso histórico seguido por las diversas civilizaciones nos lleva a una conclusión interesante y reveladora: que en términos generales, la Historia se ha caracterizado como un proceso ascendente hacia la Libertad, el Progreso y la Cultura. Tal es la conclusión a que han llegado notables filósofos de la Historia, como los alemanes Kant y Hegel, el italiano Benedetto Croce y el español José Ortega y Gasset. Es una evidencia que se deriva también de los estudios comparados de las civilizaciones que hiciera el historiador inglés Arnold Toynbee.

Para Kant, la Historia Universal, mirada con una perspectiva amplia y no meramente nacionalista, avanza en un progreso continuo, obedeciendo a fuerzas que responden a un plan inteligente de sentido cósmico. En otras palabras, la idea del progreso va expresada como una ley natural, actitud de optimismo histórico también adoptada por los escritores del Iluminismo como Condorcert, Voltaire y Diderot.

Por su parte Hegel ve la Historia como un proceso de desarrollo de la idea de la Libertad. Siendo la Libertad la esencia del Espíritu, según Hegel, la Historia constituye el medio de realización de una conciencia cada vez más profunda. Hegel nos muestra cómo al despotismo oriental antiguo siguió una etapa de mayor libertad con la civilización grecorromana, y luego con el Cristianismo, que extendió por toda Europa el concepto de la persona y de sus derechos como tal, ampliando así el contenido y la conciencia de la Libertad.

Para Croce la Historia sigue también un curso de progreso espiritual, constituyendo una enseñanza para el presente. Cuando la Historia es mero pasado, o crónica, sin que tenga una significación actual, pierde todo sentido de trascendencia.

Y Ortega concibe la Historia como un sistema en que se concretan las aspiraciones del hombre hacia una vida más plena, hacia una afirmación cada vez más alta de la Libertad y la Cultura.

Si de este modo entendemos la Historia no como un mero acontecer mecánico y materialista, sino como una empresa del Espíritu aplicada a un más alto progreso humano, a un disfrute integral de la Libertad, entonces llegamos también a la conclusión de que para el ejercicio responsable de esa Libertad, se requiere la elevación del Espíritu por medio de la Cultura, tanto en su aspecto científico como humanista. «La gran tarea humana del futuro es regir a través de la Cultura, la Historia», ha dicho el escritor cubano Jorge Mañach.

Es así que Historia, Libertad y Cultura se entretejen para formar la sustancia de la vida civilizada. Cuando la Historia no conduce a una mayor Libertad y a un nivel más elevado de vida, se produce una paralización del progreso humano, un regreso al primitivismo.

Entre las civilizaciones que han existido desde que la Historia se inició hace unos cinco milenios, no hay duda de que ha sido la occidental-cristiana la que más se ha esforzado por extender el horizonte de la Libertad a todos los hombres. Liberación no sólo en lo espiritual, sino también en cuanto a un más alto nivel de vida, pues la tecnología del mundo moderno ha hecho posible una vida de mayor bienestar y de más oportunidades para todos.

América aparece en el horizonte histórico como depositaria de los valores y principios de la civilización occidental, y tiene la misión no sólo de defender tales valores, sino de ampliar las posibilidades del hombre moderno, para un más amplio disfrute de la Libertad y una vida de más auténtica y plena realización humana.

La responsabilidad de América es cada vez mayor en la nueva Edad del Átomo y del Espacio. Pero esperemos que esté a la altura de su misión histórica y cultural. Como dijera Hegel con sentido profético: «América es la tierra del futuro, en la cual en tiempos por venir, la Historia se revelará a sí misma».

I

HORIZONTE HISTÓRICO E IDEOLÓGICO

LA NUEVA EDAD HISTÓRICA

Conflictos e Ideales en el Mundo del Átomo y del Espacio

Del mismo modo que vemos salir el Sol por un punto del horizonte situado al este del observador, así también los centros fundamentales de la civilización nacieron en el oriente y se han ido extendiendo cada vez más hacia occidente, en un proceso que abarca cerca de cinco mil años.

La cuenca del Mediterráneo vino a ser después como el centro geográfico de las grandes aventuras históricas del hombre. Desde Creta y otras islas que formaban el archipiélago helénico surgieron ciudades y expresiones de cultura que como la de Atenas propiciaron el avance civilizador. Roma recogió esa herencia, convirtiéndola en una estructura de política, derecho y elevadas expresiones artísticas.

Siguiendo siempre un rumbo hacia occidente, la civilización recibió el magno impulso histórico del cristianismo, que se extendió por toda Europa, y luego florecieron en este continente los grandes estados nacionales, que sucesivamente orientaron el curso de la Historia.

En el siglo actual, el centro de la civilización occidental comenzó a desplazarse de Europa hacia América, atravesando el Atlántico como si fuese una nueva jornada de Colón. Pero ese proceso de americanización del mundo no llegó a alcanzar su forma más definitiva hasta la Segunda Guerra Mundial y el descubrimiento de la energía atómica.

Es significativo que Albert Einstein, el científico de los nuevos tiempos, que ya desde 1905 había escrito su fórmula famosa de equivalencia entre la energía y la materia, optase por trasladarse de Europa a los Estados Unidos. El éxodo de Einstein, quien fijó su residencia en Princeton en 1933, tuvo un trascendente signifi-

13

cado histórico. Años más tarde, en una carta dirigida al presidente Roosevelt, el sabio exilado le informaba que científicos de Alemania trabajaban para producir la fisión nuclear.

Como consecuencia de esta advertencia, los EE.UU. comenzaron sus propias investigaciones. En la Universidad de Chicago, dentro del mayor secreto, un grupo de científicos presididos por Enrico Fermi realizaron los estudios y tareas que condujeron a la primera reacción en cadena en diciembre de 1942. Se llamó así a la desintegración controlada del átomo mediante el bombardeo de su núcleo y su conversión en energía.

Tres años más tarde, el lunes 16 de julio de 1945, el cielo de Alamogordo, en Nuevo México, se iluminó con los resplandores de un estallido nuclear. Pocos supieron de aquel espectáculo nunca antes contemplado por el hombre y que anunciaba el nacimiento de una nueva edad histórica.

Semanas después, la misma explosión resonaba sobre Hiroshima y Nagasaki en el Pacífico y sus efectos se hacían sentir en todo el mundo. A los pocos días, terminaba la Segunda Guerra Mundial. Todo había ocurrido demasiado pronto, pero los efectos de estos acontecimientos iban a proyectarse por largo tiempo sobre el destino de la humanidad.

Desde el punto de vista científico, se había logrado descifrar un misterio que comenzó a intrigar al hombre desde los tiempos en que los griegos se preguntaban cuál era la sustancia básica del mundo. Otras implicaciones de carácter político, ético y militar habrían de derivarse también. ¿Podrían convivir la paz y la energía atómica? Tratar de lograrlo ha sido la tarea básica de la segunda mitad de este siglo, tarea que no ha terminado aún y que cada día presenta una complejidad mayor.

Lo Pequeño y lo Lejano

La nueva edad histórica que amanece en 1945 pero que se había estado gestando por lo menos desde cuarenta años antes, se caracteriza por su apasionada pesquisa de lo muy pequeño y de lo muy lejano.

El científico moderno llega a descubrir que en lo que nadie ha visto siquiera ni se podrá ver jamás: el núcleo del átomo, radica la energía básica del mundo. Allí, en la críptica danza de protones, neutrones y de otras partículas, hay fuerzas que si se excitan, son capaces de cambiarse en rugientes estallidos de energía. La luz de las estrellas y el calor del Sol, ¿qué son sino producto de esta fuerza recóndita?

Va, pues, la ciencia, guiada por este descubrimiento magnífico, hacia la pesquisa de lo infinitamente pequeño, de lo casi irreal, para extraerle a la materia su secreto. En el núcleo del átomo está la nueva piedra filosofal, capaz de trasmutarlo todo, no en oro, como pretendían los viejos alquimistas, sino en algo más valioso aún, en la energía creadora de los mundos y de la vida.

Es así que los científicos cortejan el átomo con impetuoso y tenaz empeño. No se conforman sino con adentrarse en su corazón profundo. Para ello inventan las técnicas más sutiles, como la que permitió a Rutherford descubrir el núcleo atómico, a pesar de lo cual la materia no se ha entregado del todo y guarda aún muchos insondables secretos.

Por otra parte, el hombre que es un aventurero contumaz, se ha lanzado también a la empresa de lo muy lejano, a la conquista del espacio exterior. Podría decirse que este es un mundo de átomos y de astronautas, es decir, de extremos irrevocables. O nos seduce el misterio de lo muy pequeño, con sus cadencias rítmicas de protones y electrones, o surcamos los cielos en busca de nuestros vecinos celestes: la Luna, los planetas, y después sabe Dios qué remotas estrellas luminosas.

No es que al hombre no le haya interesado siempre explorar los mundos lejanos. La Astronomía es una ciencia cuyo origen se remonta a las civilizaciones más antiguas. Los griegos, que eran maestros de todo empeño teórico, formularon su teoría de los cielos. Para Homero, a su modo poético, el Sol era una carroza de oro, que viajaba por el cielo conducida por un dios mitológico, hermoso y joven, llamado Helios. Otro griego ilustre, Tolomeo, concibió también al Sol como un vagabundo del espacio, que giraba con su corte de planetas, alrededor de la Tierra. Fue necesario el descubrimiento del telescopio, catorce siglos después, para demostrar que la verdad era precisamente lo contrario de lo que creía Tolomeo.

Sin embargo, para formular sus teorías astronómicas nunca el hombre fue más allá de mirar y observar, primero con sus propios ojos, en las noches luminosas, y después con telescopios pequeños, como los que utilizó Galileo.

Ahora, en la era atómica, ya el hombre no se satisface meramente con mirar hacia lo alto con gigantescos telescopios electrónicos, para escrutar lejanas nebulosas y galaxias. Quiere acercarse más a ese mundo arcano, conocerlo de cerca. Anhela ser un argonauta del cosmos y arrancarle sus secretos. Y así va a bordo de astronaves maravillosas, que son también como carrozas celestes, y concierta «rendezvous» a muchos miles de kilómetros de la Tierra, o «camina» por el espacio para demostrar que nada es demasiado difícil o imposible. Entre las hazañas espaciales, ninguna tan dramática y espectacular como la del descenso en la Luna, para ir al encuentro de esa novia lejana, constante inspiración de todos los poetas románticos. Más recientemente, hemos iniciado la exploración del planeta Marte, en busca de nuevas formas de vida. El espacio es la nueva frontera para el hombre del siglo veinte.

Fronteras Ideológicas

Terminada la Segunda Guerra Mundial, el hombre se encontró no sólo con la sorpresa de la energía atómica, sino también con una ilusión nunca lograda plenamente: la paz. ¿Qué hacer con ella? ¿Cómo organizarla y perpetuarla? ¿Cómo no dejársela arrebatar otra vez? En este empeño, los estadistas de la era atómica no han tenido el acierto de los científicos, porque es má fácil llegar a la Luna que poner de acuerdo a la loca humanidad.

En el mundo nuevo del átomo y del espacio, se ha desarrollado una intensa lucha de ideologías políticas, que han conducido a la división en bloques rivales de poder.

La Unión Soviética extendió pronto sobre toda la Europa oriental su garra totalitaria, sustituyendo los campos de concentración de Hitler por nuevas formas de opresión y absolutismo. El peligro parecía extenderse también hacia la Europa occidental, que fue salvada gracias a la sombrilla protectora atómica de los Estados Unidos y el Plan Marshall.

Para hacer posible la dirección del mundo en escala internacional se creó en 1945 la Organización de las Naciones Unidas, que cuenta con más de un centenar de estados miembros. Ese vasto foro de países quería ser la mejor expresión del carácter universal de la política contemporánea y de los anhelos de paz y unidad del mundo en la era atómica.

Aunque en el foro de las Naciones Unidas no han podido resolverse los problemas del mundo atómico, ha servido sin embargo para el diálogo entre civilizaciones y sociedades distintas, separadas no sólo por las ideas políticas, sino por formas culturales y estilos de vida completamente extraños. Las Naciones Unidas son como el parlamento en que se hace un ensayo de cooperación internacional, con la participación de las grandes potencias y de los países más pequeños y atrasados.

Algo se ha logrado en cuanto a la solución de los conflictos locales y en el campo de la cooperación económica y social. Pero por supuesto, las Naciones Unidas no han podido eliminar la competencia de los armamentos ni el conflicto ideológico esencial de nuestro tiempo.

Ese conflicto se desarrolla en un mundo bipolar, completamente nuevo y distinto. Antes de la Segunda Guerra Mundial, existía un equilibrio de poderes en Europa y en Asia, mantenido por diversas naciones. En Europa, pugnaban naciones como Alemania, Francia, Gran Bretaña y Rusia, en tanto que en el Asia, China trataba de contener la creciente influencia imperialista del Japón. En el mundo actual, todo ha quedado reducido a dos superpotencias, con un vasto arsenal de las más terribles armas de destrucción.

Y aun el peligro es mayor, porque el bloque soviético comunista aspira a la dominación universal, con métodos de subversión interna o de franca agresión exterior. Los objetivos del comunismo se cumplen siempre por la violencia y obedecen a fórmulas rígidas.

Las naciones de occidente, en cambio, mantienen un régimen que se caracteriza por el libre debate y la experiencia, con la flexibilidad necesaria para ajustarse a los cambios inevitables del espacio-tiempo histórico. Se apoya esa ideología en los valores de la civilización occidental, mantenidos durante más de un milenio.

Occidente amanece en la Historia como depositario de los principios del Cristianismo, es decir, de una fe religiosa que aspira a la justicia y la salvación del hombre.

Los principios del Cristianismo se combinan con el concepto de la libertad, como fundamento de la vida política. La idea de la libertad, que tuvo su amanecer en Grecia, dio origen a los estados modernos y a la revolución de los Estados Unidos y Francia.

La idea de la libertad es a la vez inseparable de un régimen de derecho, como medio de establecer un sistema de instituciones a fin de organizar la expresión de la voluntad popular y el ejercicio de las libertades.

Los principios éticos y religiosos del Cristianismo, así como los relativos a la libertad, el derecho y la justicia social, son el fundamento mismo, los valores intrínsecos de la civilización occidental. Tales valores han impulsado el progreso del mundo durante más de mil años.

A tales valores religiosos y políticos habría que añadir la afanosa investigación científica, que ha conducido al moderno milagro tecnológico y a una vida más confortable y mejor.

Encrucijada y Destino

Amenazados los valores de Occidente por un nuevo imperialismo, que se basa en una completa sumisión del individuo al Estado, con supresión de las libertades esenciales del hombre, muchos se preguntan si será posible seguir avanzando hacia lo pequeño y lo lejano, guiados por la ciencia, las computadoras y los laboratorios, y por un sentido espiritual de la existencia, o si nos aniquilaremos en un infierno de fuego nuclear.

No son muy dados los historiadores a vaticinar el futuro, y mucho menos en estas circunstancias tan complejas del mundo atómico. Sin embargo, ha habido algunos que se han atrevido a señalar los rumbos posibles del destino del hombre.

A partir de la Ilustración en el siglo XVIII, surgió un criterio optimista sobre el futuro de la humanidad. Se creía en el progreso, en el triunfo de las ideas y de la ciencia, en el reinado de los valores espirituales. Es una actitud que se advierte en filósofos como Voltaire e historiadores como Gibbon. Para el sabio de Ferney, la humanidad evolucionaría hacia un sistema de vida más civilizado, hacia un mundo de razón y progreso. Y Gibbon, que nos dejó un magnífico legado cultural con su «Historia de la Decadencia del Imperio Romano», sostenía que «a menos que una revolución trastorne el mundo, ninguno de los pueblos que lo habitan volverá a caer en su barbarie original».

Después de haber escrito Gibbon estas palabras, a fines del siglo XVIII, ha habido muchas revoluciones, pero en realidad no hemos vuelto a la barbarie, aunque siempre formas de primitivismo han pugnado contra los avances de la civilización.

Teorías Históricas: Spengler

Otros historiadores, especialmente en el siglo actual, suscriben una actitud más pesimista, y de modo destacado Oswald Spengler, en su obra ya clásica «La Decadencia de Occidente» publicada por primera vez en 1918.

Para Spengler, el macrocosmos representa el conjunto de símbolos que expresan el alma de un pueblo. Esos símbolos se encuentran en muchos aspectos de la vida, pero de un modo especial en la Historia del Arte.

De acuerdo con la tesis de Spengler, la cultura greco-latina o clásica se caracterizó por un arte «apolíneo», en que la preocupación central era el cuerpo individual. En el aspecto matemático, predominaba la geometría euclidiana.

A partir del año mil de nuestra era, comienza a desarrollarse un nuevo concepto de la vida y surge la civilización occidental, que se caracteriza, según Spangler, por contener el alma «faústica». Con un sentido del espacio ilimitado, encuentra su forma de expresión en el arte gótico y del Renacimiento. El hombre no se limita ya a las formas visibles e inmediatas, sino que quiere trascender por medio de las catedrales góticas, las fugas musicales, la proyección atmosférica de la pintura. En el orden matemático, surgen la geometría cartesiana, el cálculo y el análisis diferencial.

Spengler vaticina en su obra famosa que al mundo racionalista, «faústico», de occidente, sucedería otra civilización inspirada por un alma mágica, al estilo oriental, no gobernada por la preocupación de los bienes materiales.

Aquella profecía famosa, como casi todas las profecías, estaba destinada al fracaso. Más de medio siglo después, la civilización occidental lejos de perecer, ha alcanzado un florecimiento extraordinario en todos los órdenes, en un nivel jamás soñado por Spengler. El hombre «faústico» sigue siendo no sólo el motor de la Historia, sino también el propulsor más importante de todos los grandes progresos tecnológicos y culturales.

Teorías Históricas: Toynbee

Cuando aún no se había disipado el eco de todo el escándalo histórico creado por el filósofo alemán desde su oráculo de Munich, y cuando Hitler, aprovechando algunas de sus ideas, se aprestaba ya a lanzarse sobre el mundo como un bárbaro de alma mágica, otro historiador eminente, el inglés Arnold J. Toynbee, vino a enseñarnos con su obra «A Study of History», publicada entre 1933 y 1939, que la Historia ha seguido un curso dramático de civilizaciones que nacen, se desarrollan, inician su decadencia, y a veces se desintegran finalmente. Esta última etapa va precedida de un cisma en el organismo social y en el alma, es decir, en las ideas de ese mundo agonizante.

Pero Toynbee, a diferencia de Spengler, no hace profecías. A lo más, se limita a decir que Occidente vive en una época de «tiempos revueltos». El historiador inglés, siguiendo una senda cautelosa, prefiere analizar el pasado, extraer sus enseñanzas en lo posible, y marcar las trayectorias que parecen haber seguido las civilizaciones desde la antigüedad más remota.

Para Toynbee es anacrónico el concepto de la Historia con un sentido nacional. «La historia de la nación británica nunca ha sido, y casi con toda certeza nunca lo será, un campo de estudio histórico inteligible, si se considera aisladamente. Lo mismo puede decirse de cualquier otro estado nacional», dice Toynbee. De acuerdo con este criterio, las civilizaciones son las unidades inteligibles para el estudio histórico.

¿Qué es lo que distingue una civilización de una sociedad primitiva? Las civilizaciones, como su propia etimología indica, se desarrollan en las ciudades, cuando se llega a un estado social avanzado, que permite la división del trabajo, la disciplina, la cooperación, el progreso de las artes y la cultura.

De acuerdo con Toynbee, el tránsito de una sociedad primitiva a una civilizada se caracteriza por el cambio de una condición estática a una dinámica, o por el ritmo de Yin y Yang, que describían los antiguos sabios chinos.

Yin representaba las nubes que cubren el Sol, y Yang el disco solar, emitiendo sus rayos sin ninguna interferencia. Las civilizaciones vienen a ser el Yang de la Historia, pero representan sólo una etapa bien pequeña del desarrollo de la Humanidad, que ha vivido muchos miles de años en condiciones primitivas y que todavía tiende a regresar al pasado.

¿Cuántas civilizaciones han existido? De acuerdo con Toynbee, unas 21 en total, de las cuales han desaparecido más de las dos terceras partes. El promedio es en realidad alarmante, y sólo quedan cinco que hayan prolongado su existencia hasta nuestro tiempo. Estas civilizaciones son: la hindú, la china, la islámica, la ortodoxa-cristiana y la occidental.

¿Por qué estas civilizaciones no han desaparecido como las otras? Obviamente porque no se ha operado en ellas un proceso de decadencia, o porque de haber surgido, no ha llegado al grado de provocar la desintegración de esas sociedades.

El proceso de decadencia se inicia, según Toynbee, cuando las minorías creadoras dejan de influir, y por lo tanto, las mayorías no tienen buenos ejemplos que imitar. Surgen entonces los tiempos revueltos, con todas sus consecuencias: luchas internas, anarquía, militarismo, triunfos y derrotas, «intoxicación de la victoria».

En general, todas las sociedades, aun las civilizaciones supervivientes, han atravesado por alguna etapa de tiempos revueltos y de presunta decadencia. En vez de obtener progresos materiales y espirituales, las civilizaciones parecen dar marcha atrás, como en un regreso al primitivismo. Sin embargo, no siempre esta etapa conduce a una desintegración. Para que esta última se produzca, se requieren factores extraordinarios, tanto de carácter interno como externo, cual ocurrió en el caso de la civilización helénica o grecorromana.

Entre los factores externos, el más importante es el de una invasión o «volkerwandering», como el de las tribus bárbaras que destruyeron a Roma, o el de guerras de conquista que terminan por aniquilar y transformar una sociedad, como en el caso de las civilizaciones precolombinas de América.

Estos agentes exteriores suelen coincidir con factores internos de desintegración, que producen un cisma en el cuerpo y en el alma de las sociedades. Toynbee menciona, entre los síntomas más acusados que se observan en esta etapa, los siguientes: existencia de un proletariado o de un amplio grupo social al margen de los beneficios y derechos de que disfruta el resto de la sociedad, así como el establecimiento de un estado o iglesia de carácter universal. En el proceso de desintegración de las civilizaciones desaparecidas, no hay duda de que se ha observado la presencia de muchos de esos factores, conjunta o aisladamente.

¿Hacia una Nueva Edad de Oro?

No todos los que avizoran el futuro, advierten posibilidades tan sombrías. Hay quienes esperan una nueva edad de oro para la humanidad. El profesor de la Universidad de Harvard, Emmanuel Mastene, sostiene que «es posible que el hombre haya expiado al fin su pecado original, y que pueda aspirar ahora a la bienaventuranza».

Científicos y profesores de los Estados Unidos, cuya tarea consiste en escudriñar el futuro, esperan progresos maravillosos para el año 2.000, en cuanto al logro de una cultura universal más homogénea, la amistad internacional y los adelantos científicos. Dice la revista *Time* que «los que estudian el futuro, basándose en la ciencia ilimitada del átomo, y en la inteligencia casi ilimitada de los computadores, predicen una era de cambios también casi ilimitados. Con extraordinaria confianza, y con grandes detalles, ellos presentan una imagen del hombre no sólo con un dominio

21

completo del medio ambiente, sino también de su propio cerebro y de su propia evolución».

Esa posibilidad de cambios ilimitados implica, por supuesto, una revolución, no de guillotina, sangre y exterminio, sino de elevados fines constructivos. Como ha dicho uno de los espíritus más lúcidos de este siglo, José Ortega y Gasset: «lo menos esencial en las verdaderas revoluciones es la violencia. La revolución no es la barricada, sino un estado de espíritu».*

La nueva revolución tendría su fundamento en la ciencia y en la libertad. No sería la aplicación de un dogma, sino un esfuerzo dirigido por la inteligencia y la experiencia histórica.

Sin duda hará falta una gran síntesis política con un carácter universal y democrático, que permita al mundo avanzar sin el peligro de que pueda destruirse la obra civilizadora de varios milenios. Es indispensable propiciar la solidaridad internacional, el trabajo coordinado y fecundo de las naciones e individuos.

En un régimen de estabilidad y de paz, los científicos podrán dedicarse a sus tareas de investigación creadora. Del mismo modo que la ciencia ha penetrado ya en los secretos de la materia, cada vez avanza más en la pesquisa del misterio de la vida. Algún día, quizá no lejano, se podrá producir la vida en el laboratorio, por lo que el hombre se convertirá en un creador de sí mismo. Pero aún sin llegar tan lejos, los trabajos que se efectúan en los laboratorios, permiten vaticinar progresos revolucionarios en cuanto a asegurar una vida más plena.

Gracias al trabajo de los científicos, el hombre llegará a vencer a sus terribles enemigos invisibles, que producen el desequilibrio de las células y algunas de las peores enfermedades. Será posible también prolongar la vida humana y sus etapas de mayor vigor físico y espiritual. Y quizá puedan controlarse y orientarse las tendencias hereditarias.

Esta nueva revolución de grandes estadistas internacionales y de científicos empeñados en descubrir todos los secretos de la naturaleza y de la vida, tendrá que ir acompañada, a su vez, de un alto propósito de liberación humana. Como ha dicho el ensayista venezolano Mariano Picón Salas, «una rehumanización de todas las técnicas, poderes y estructuras con que el hombre se ha esclavizado, es la única vía de salida. La lucha por la paz y la felicidad del hombre —eterna nostalgia y vivencia creadora de

---

* «El Tema de Nuestro Tiempo», por José Ortega y Gasset. La afirmación está contenida en el apéndice sobre «El Ocaso de las Revoluciones».

la Historia— no es sólo trabajo de economistas y tecnólogos; también los poetas y filósofos necesitan enseñarnos».

Los poetas, los filósofos y los líderes religiosos nos enseñarán, con el uso de la imaginación, a buscar horizontes espirituales más amplios y vías de mejor comprensión.

Ellos se encargarán de recordarnos que los progresos materiales son necesarios a las repúblicas, pero que la base más firme de la vida de un pueblo está en la adquisición de un sentido espiritual y noble de la existencia.

Ellos nos dirán que si el ser humano tiene un espíritu libre, que es su vínculo de relación con Dios, debemos considerar la vida espiritual como la expresión suprema de la personalidad. Y añadirán que la existencia humana, efímera como es, alcanza su momento de inmortalidad en el alma, cuyo mensaje tiene a veces la virtud de trascender, como una llama inextinguible de luz.

Nos recordarán esos líderes que la regla de oro de la convivencia es el amor o la solidaridad con el prójimo. Y nos citarán palabras de Jesús, como éstas: «Amad a vuestros enemigos, bendecid a los que os maldicen, haced bien a los que os aborrecen, y orad por los que os ultrajan y persiguen».

Nos explicarán también que la vida digna exige cierta dosis de sacrificio, que debe aceptarse voluntaria, jubilosamente. Y nos convencerán de que la redención del mundo sólo se logra con la entrega a la causa del bien, de la libertad y de la justicia.

Nos aleccionarán, por último, sobre el valor de la fe como vía hacia la bienandanza espiritual y la paz. La fe es la gran energía del espíritu, aliada de la inteligencia en la búsqueda de Dios y la Verdad.

Poetas, filósofos y dirigentes religiosos nos mostrarán estas vías de salvación espiritual, mientras los estadistas deliberan sobre la paz basada en el derecho, y los científicos prosiguen buscando lo pequeño y lo lejano. Así será el mundo que acaso algún día lleguemos a tener, un mundo que sea expresión fecunda de una gran síntesis histórica y cultural. La otra alternativa sería la destrucción y el regreso al primitivismo.

MISIÓN Y ESPERANZA DE AMÉRICA

En la nueva edad del átomo y del espacio, América ha pasado a ocupar, cada vez más, un lugar preponderante. Su poderío económico, tecnológico y militar ha servido de protección para la supervivencia de la civilización occidental y de las viejas naciones europeas, agotadas por dos devastadoras guerras en este siglo.

Europa ha resurgido de la destrucción y la catástrofe, pero ya sin la vitalidad y la influencia material y espiritual de otros tiempos. América ha tenido que llenar ese vacío histórico. Y no sólo en un orden político-económico, sino también en gran medida cultural e ideológico. La influencia de América en Europa es cada vez más ostensible y ha llegado a reflejarse hasta en las costumbres y el estilo de vida.*

Puede decirse que el aporte fundamental de América está en su avanzada tecnología, que no sólo ha permitido los grandes descubrimientos en el campo atómico y las hazañas espaciales, sino que ha hecho posible elevar el nivel de vida de los pueblos. La tecnología moderna ha demostrado ser más eficiente, en cuanto a mejorar las condiciones de la vida social, que las teorías comunistas, las cuales, según se ha comprobado, sólo conducen a una nueva distribución de la pobreza y del atraso, mediante regímenes totalitarios de opresión y terror.

Mientras tanto, América ofrece al mundo la posibilidad de una vida mejor, dentro de un sistema de libertad y respeto a la dignidad del hombre. La sociedad de Occidente, impulsada por los grandes avances tecnológicos, brinda a los pueblos una abun-

* El alcance de esa influencia en el aspecto económico, tecnológico y cultural ha sido un tema expuesto con agudeza por el escritor francés J. J. Servan Schreiber, en su libro: The American Challenge».

dancia de bienes materiales, para hacer la vida más placentera y fecunda.

Es aquí donde América hace sentir más su influencia en el nuevo mundo del átomo y del espacio. Consiste en su capacidad de propiciar el bienestar material no mediante la imposición o la violencia, sino por medio de la ciencia y la inteligencia para descubrir e imaginar los métodos mejores de producir la felicidad humana.

Así América recoge los valores que surgieron a partir de Grecia y del Cristianismo, y los proyecta en una nueva dimensión de carácter social, que se traduce no en una bienandanza teórica, sino en una realidad vital para los pueblos.

El Sueño de América

La influencia de América sobre el mundo no es, por lo demás, nada reciente. Desde que las carabelas de Cristóbal Colón surcaron las aguas del Atlántico en una travesía histórica, la presencia de América ha sido un hecho fundamental de la vida de Europa y del mundo occidental.

Aun más, si Colón no hubiese descubierto a América, seguramente que habría sido necesario inventarla en alguna forma, porque era un sueño que estaba arraigado en lo más profundo de la imaginación de los hombres.

Desde miles de años antes, se pensaba en un mundo nuevo, más allá de la vieja Europa, donde se perdían en el inasible horizonte las aguas del océano Atlántico, tierra imaginaria de maravilla y fantasía.

El filósofo Platón, en algunos de sus Diálogos, como en «Critias» y «Timeo», hablaba de un continente sumergido, la Atlántida, donde floreció una avanzada civilización que, en una lejana época —9.000 años antes de nacer Solón— llegó a dominar a algunos de los pueblos del Mediterráneo, pero cuyos ejércitos fueron vencidos por Atenas. El legendario continente de Platón se hallaba frente a las columnas de Hércules, en medio del océano Atlántico, y abarcaba una vasta extensión.

También desde la época de Grecia, se hablaba de una tierra situada muy al norte, la isla de Tule, región de mito y fantasía, que pretendió haber conocido, 300 años antes de Cristo, un marino griego nombrado Piteas, y a la cual se refiere el filósofo Séneca, en su obra «Medea».

Estos mitos de escritores clásicos se unían al presentimiento de los geógrafos, de que el mundo de Occidente se extendía allende el mar, de modo que las cartas geográficas habrían de completarse pronto con los nombres de nuevas tierras situadas fuera del horizonte marino.

América estaba, pues, en la imaginación de los hombres mucho antes de las aventuras audaces de Eric el Rojo, Leif Erickson y Cristóbal Colón. Era un sueño, un presentimiento, una utopía, como una meta maravillosa que esperaba por la acción de hombres denodados y de una fe profunda. Con razón ha escrito Alfonso Reyes que «crearon, descubrieron a América los que tenían fe en el cuerpo o en el alma, los que necesitaban casas de oro para saciar su ansia de lujo, ciencias libres donde sembrar e inculcar la idea de Dios y la idea del bien».

Cuando Colón descubre a América, no hace sino convertir la utopía en realidad, confirmando lo que la fantasía había avizorado y lo que marinos audaces comenzaron a revelar. Colón vino a ser el instrumento histórico de un sueño antiguo y luminoso del hombre occidental.

Descubierta América, se amplían los horizontes para la utopía soñada. Junto con los conquistadores y sus hazañas a veces inhumanas y crueles, vienen frailes humanistas como Bartolomé de las Casas y Vasco de Quiroga, que luchan por ideales de justicia social y de equidad para todos.

América se va convirtiendo progresivamente en un refugio para los que huyen de las intolerancias políticas y religiosas del Viejo Mundo. A los ojos maravillados del europeo, y sobre todo después del libro divulgador de Américo Vespuci, América aparece como una esperanza de libertad, como un puerto lejano de ilusión y utopía.

Los filósofos y escritores que al comienzo de la Edad Moderna, sostuvieron la necesidad de nuevas instituciones políticas, capaces de garantizar la libertad y el ejercicio de los derechos del hombre, las vieron aplicadas por primera vez en las tierras del Hemisferio americano, desde donde se proyectaron después sobre Europa y el resto del mundo.

Con justicia ha dicho Germán Arciniegas, preocupado siempre por mostrar la huella de América en el Viejo Mundo, que «no se ha producido ningún cambio fundamental en la vida europea de los últimos tiempos, que no haya tenido alguna influencia y participación de América».

Fusión y Mestizaje

Europa trajo a las tierras descubiertas por Colón las ideas y los valores de varios siglos de civilización occidental. Era sin duda una cultura mucho más avanzada que la que imperaba en el Nuevo Mundo, donde los aztecas, los incas y los mayas, a pesar del progreso logrado en muchos aspectos, no conocían todavía el hierro ni los adelantos científicos ya alcanzados en Occidente.

En América se desarrolló, a lo largo de los siglos, un proceso de fusión cultural, predominando por supuesto las formas económicas e institucionales más avanzadas de Europa. Esa fusión étnica y cultural llegaría a producir, según el filósofo mexicano José Vasconcelos, «una raza cósmica» y el inicio de «la era universal de la humanidad».

Si la visión de Vasconcelos pudiera parecer algo utópica, no lo es la de un mestizaje que sobre todo se advierte en la parte sur y central del hemisferio. El novelista colombiano Eduardo Caballero Calderón ha escrito que «el mestizaje se advierte en el idioma, en la música, en las artes plásticas, pero sobre todo en el aspecto literario, ya que los escritores se han propuesto enaltecer esos valores de integración cultural».

Quizá la concepción de la unidad de América, partiendo de su diversidad de tradiciones y elementos étnicos y culturales, va más allá de la fusión de razas, como la exponía Vasconcelos, y aun del mestizaje cultural. Es más bien la unidad en ciertos principios ideológicos y la lucha por plasmarlos en realidad, lo que más ha contribuido al proceso de la integración de América.

La Idea Hemisférica

La idea del Hemisferio Occidental como una unidad histórica e independiente se remonta a principios del siglo 19, o quizá un poco antes. Uno de los primeros en enunciarla fue Thomas Jefferson, quien en una carta al sabio alemán Alexander Von Humboldt, escribió que «América posee un hemisferio propio. Cuenta con un sistema separado de intereses que no deben subordinarse a los de Europa».

El proceso de las luchas por la independencia actuó como un factor de unificación ideológica del Hemisferio. Los pueblos de América, cualesquiera que fuera su cultura, idioma o raza, combatieron por alcanzar su independencia y por establecer repúblicas libres. Ideales comunes inspiraron a sus próceres más eminentes, como Bolívar, San Martín, Wáshington, Jefferson y otros. Eran los principios de la revolución democrática y liberal, esbozados por filósofos y escritores europeos, pero puestos en práctica, por vez primera, en América.

Conquistada la independencia, la idea del Hemisferio Occidental fue tomando forma política, jurídica e histórica, a todo lo largo del siglo 19, y llegó a plasmarse, ya en el siglo actual, en los principios y normas del sistema interamericano. Como ha dicho el profesor Arthur P. Whitaker, la base de esta concepción hemisférica se halla en «la proposición de que los pueblos de este Hemisferio mantienen entre sí una relación especial que los distingue del resto del mundo».*

Esa relación especial ha llevado a crear un sistema de derecho internacional, el primero en el mundo, que ha logrado mantener la paz y la seguridad hemisférica, sobre la base de una cooperación multilateral. En tanto que Europa se ha desgarrado en este siglo con las más pavorosas guerras sufridas por la humanidad, América ha sido un continente de relativa paz, donde los conflictos han tenido un carácter muy limitado y esporádico, en comparación con los del Viejo Mundo.

Las Dos Fronteras

Por otra parte, dentro de la relación especial que existe entre los pueblos de América y que ha conducido a un sistema eficaz de derecho internacional, es bien obvio que existen diferencias muy marcadas entre la civilización sajona de la América del Norte, y la hispánica de los pueblos que viven en la América del Sur, el Caribe y la América Central.

Algunas de esas diferencias se han originado en motivos geográficos. Las densas selvas de la América del Sur, y sus cadenas de montañas casi inaccesibles, han aislado a unos países de otros. En cambio, en la América del Norte ha sido más fácil, al menos desde el pasado siglo, la comunicación entre las diversas partes de su vasto territorio.

Pero las diferencias fundamentales entre las dos fronteras de América radican actualmente en el orden económico y tecnológico. Mientras que los Estados Unidos han avanzado hasta convertirse en la primera potencia industrial del mundo, las naciones del sur permanecen, por lo general en un estado de subdesarrollo. La prin-

---

* «The Western Hemisphere Idea», by Arthur P. Whitaker.

cipal tarea, por tanto, consiste en superar ese desequilibrio y elevar el nivel de vida de los pueblos todos del Hemisferio.

Misión de América

La unidad y la fortaleza de América son el mejor baluarte para la defensa del mundo de Occidente. El Hemisferio Americano tiene en estos momentos una misión y responsabilidad que desborda sus propias fronteras, abarcando el destino de nuestra civilización.

Es una misión que, mirándolo bien está de acuerdo con el espíritu pionero que ha caracterizado la historia de América.

Es el espíritu que permitió descubrir y colonizar vastas tierras, atravesando enormes ríos, intrincadas selvas y ascendiendo a través de altas cadenas de montañas.

Es el espíritu que impulsó la marcha hacia el oeste, en los Estados Unidos, durante los siglos 18 y 19, y que fue factor básico en la formación del carácter del pueblo norteamericano. Las condiciones de vida del pionero desarrollaron en él ciertas características espirituales, señaladas por el historiador Jackson Turner, como son las siguientes: «la mente práctica, inventiva; el dominio de las cosas materiales; la energía nerviosa, inquieta; el individualismo dominante, la alegría y la exuberancia que acompañan a la libertad».

Es el espíritu que, en los tiempos actuales, ha permitido descubrir los secretos del átomo y llegar a la Luna y al planeta Marte.

La nueva y más importante frontera para América, en este momento de la Historia, es la de crear un mundo de paz, libertad, justicia y cooperación. Es una tarea difícil y que requiere la mayor concentración de inteligencia y esfuerzos. Pero sean cuales fueren los resultados, es una tarea que se halla en consonancia con la vocación y el destino de América.

ALEXANDR
SOLJENITSIN

Premio Nobel

¿PREVALECERÁ LA LIBERTAD?

> *«Cuando el sentido histórico se perfecciona, aumenta también la capacidad de previsión».*
>
> ORTEGA Y GASSET

El Decenio de los 1980 s

En la breve etapa histórica que ha transcurrido desde el inicio de la Edad del Átomo y del Espacio, hemos visto el florecimiento de la civilización occidental en su grado más alto, con increíbles hazañas espaciales, formidables avances tecnológicos, prosperidad y algunas guerras aisladas. Occidente ha dado al mundo una muestra de fortaleza material y espiritual.

Sin embargo, al comienzo del decenio de los 1980s, se advierten algunos indicios de cansancio. Voces prestigiosas se han alzado para señalar síntomas alarmantes en la sociedad occidental. Tales síntomas abarcan campos muy diversos, que van desde lo económico, político y militar hasta cierta apatía en el cumplimiento de las responsabilidades inherentes a la defensa misma de la libertad.

Entre esas voces, ninguna tan autorizada y elocuente como la del escritor ruso exiliado Alexander Solzhenitsyn, cuyas advertencias al mundo libre, avaladas por su dramática experiencia de *Gulag,* parecen tener un acento profético.

La Admonición de Solzhenitsyn

En un discurso pronunciado en junio de 1978, en la ceremonia de graduación y fin de curso de uno de los más altos centros intelectuales de los Estados Unidos, la Universidad de Harvard, Solzhenitsyn manifestó con su franqueza habitual que «una falta de voluntad o decisión (utilizó en inglés la palabra *courage*) es la principal característica que un observador extranjero puede apreciar en Occidente». Añadió que esta desidia se advierte básicamente en los grupos dirigentes y en la elite intelectual, lo cual contribuye a dar la impresión de una falta de voluntad en toda la sociedad.

Solzhenitsyn percibe en esta abulia de los dirigentes un grave peligro para los valores del mundo libre. Considera que Occidente ha logrado alcanzar una vida avanzada de libertad, progreso tecnológico y bienestar material, pero que en ese proceso de intensa lucha y competencia por los bienes materiales, se han perdido de vista los factores espirituales.

«El materialismo desbordado, la timidez de los dirigentes, un legalismo sin valores morales, una prensa irresponsable y un vacío espiritual, tales son factores de una sociedad que ha perdido la voluntad de defenderse», proclama con matices casi bíblicos el autor de *Archipiélago de Gulag*.

Y aun Solzhenitsyn va más allá, para advertir la posibilidad de una tercera guerra mundial en que las naciones de Occidente lleguen a ser destruidas. En su opinión, no se trata sólo de fuerzas militares y de poderío atómico, ya que «ni las armas más poderosas pueden salvar a Occidente, si no logra vencer su falta de voluntad y decisión».

Esa voluntad no puede surgir de meros preceptos políticos sino que debe estar arraigada en una profunda fe moral y religiosa, capaz de llegar al sacrificio en defensa de los valores humanos y espirituales. Tal es, en síntesis, la admonición y el consejo que el insigne escritor ruso —émulo de Tolstoi y Dostoievski— ofrece a los dirigentes y pueblos del mundo libre.

Las afirmaciones de Solzhenitsyn suscitaron diversas reacciones. La revista *Time* comentó que «desde que el Secretario de estado George C. Marshall delineó su plan para levantar a Europa de las cenizas, nunca un discurso en una ceremonia de graduación ha producido tanta atención como el del autor ruso Alexander Solzhenitsyn». El discurso de Marshall fue pronunciado también en la Universidad de Harvard, con una separación de 31 años.

El poeta y educador Archibald MacLeish atribuyó las aserciones del escritor ruso a un desconocimiento de la realidad norteamericana. «El juzga la República como un exilado», dijo.

En cambio, Charles Frankel, ex secretario de Estado adjunto

en el gobierno del presidente Johnson, comentó que el escritor ruso tenía razón al hablar de una enfermedad intelectual y moral en Occidente, «enfermedad que conduce al hedonismo, a un énfasis en los derechos individuales sin un énfasis correspondiente en la disciplina o responsabilidad social».

Y el filósofo Sydney Hook manifestó que estaba de acuerdo con los valores morales y políticos expuestos por el escritor ruso en Harvard, siempre y cuando que entre ellos predominara el de la Libertad. Con un criterio meramente civil añadió que «ésta no requiere la aceptación de una fe religiosa o la suscripción de ningún credo teológico o metafísico».

Transcurrido más de un año del histórico discurso de Harvard, las aseveraciones de Solzhenitsyn parecen estar confirmadas por los hechos, y hay una aceptación casi general de que estamos atravesando por un período de crisis y de falta de confianza.

Traumas y Vacío de Poder

Otro testimonio de alto valor espiritual es el ofrecido recientemente por el historiador inglés Paul Johnson, en una entrevista divulgada por la revista «Public Opinión», órgano del American Enterprise Institute for Public Policy Research, de Washington D.C.

Paul Johnson, autor de varios libros sobre asuntos históricos y que prepara ahora una historia del mundo moderno, afirma que en el período comprendido entre 1945 y comienzos del decenio de 1970, hubo un predominio de los Estados Unidos en el mundo, como la gran reserva militar y económica de Occidente. Esa influencia tuvo también un carácter cultural.

En opinión del distinguido historiador, la llamada «Centuria Americana» ha beneficiado al hombre común, al hacer posible una prosperidad sin precedente. Y estima que los Estados Unidos cumplieron bien, durante ese período, con las responsabilidades de dirección del mundo libre, asumidas desde hace un tercio de siglo.

Sin embargo, el historiador inglés anota que a partir de la guerra de Vietnam, se ha podido observar cierta falta de confianza en el ejercicio del poder por parte de los dirigentes norteamericanos. Los traumas producidos por la guerra de Vietnam han creado una especie de inacción o desgano en el cumplimiento de las responsabilidades internacionales. Al amparo de tal situación, han surgido graves problemas, como el de la interrupción de los suministros de petróleo, la expansión comunista en África y otros.

La crisis de los Estados Unidos, nos dice el historiador Johnson, es de carácter psicológico, al faltarle la voluntad de actuar. De este modo, el testimonio de Paul Johnson viene a coincidir con lo expuesto por Solzhenitsyn en su discurso de Harvard.

Pero Johnson ve un valor terapéutico en aceptar los errores, y tiene la esperanza de que nuevos equipos de dirigentes, ya liberados del trauma de Vietnam, puedan crear una nueva fe y entusiasmo en el futuro, en defensa de los valores del mundo democrático. De otro modo, se crearía un vacío de poder, que sería llenado por los enemigos de Occidente. Sería como entrar en una nueva Edad de las Tinieblas.

¿Renacimiento Espiritual?

En medio de los peligros señalados anteriormente, apuntan algunos indicios de que los pueblos de Occidente, enfrentados a un futuro incierto, mantienen su fuerza espiritual como un baluarte contra los avances del totalitarismo.

Por ejemplo, según una encuesta del Instituto Nacional de Opinión Pública (Gallup), un 94 por ciento del pueblo norteamericano cree en la existencia de Dios, y un 84 por ciento opina que Jesucristo tuvo esencia divina.

Por otra parte, en otra encuesta de carácter internacional llevada a cabo por Gallup International, bajo el patrocinio de la fundación Charles F. Kettering, los Estados Unidos figuran en el primer lugar de los países industriales en cuanto a la importancia que la religión tiene en las vidas de los ciudadanos, seguidos por Italia, Canadá, el Reino Unido, Francia y Alemania Occidental.

Otro dato muy interesante en las referidas encuestas es que se ha mantenido constante, en el último cuarto de siglo el número de personas que creen en la existencia de Dios, tanto en los Estados Unidos como en la mayor parte de los otros países de Occidente. Esa firmeza en la fe religiosa, a pesar de los avances y la propaganda del materialismo, es una demostración de que las reservas espirituales del hombre están en lo más profundo de los valores de nuestra civilización.

Otro signo de reciedumbre se halla en la nueva empresa de dirección espiritual que ha llevado al nuevo Papa, Juan Pablo II, a diversas partes del mundo como un guía e inspirador de la fe cristiana. El viaje del Pontífice a México sirvió como una misión evangelizadora y de unificación de conciencias, que acentuó la responsabilidad de todos los cristianos en el empeño de ennoblecer la vida con un alto contenido espiritual.

Con una personalidad carismática de líder, Juan Pablo II ha llevado también su campaña evangelizadora hasta su país natal, Polonia, para defender allí, frente a un gobierno dominado por el materialismo comunista, el derecho de la persona a regir su propia conciencia.

Esta inspirada gestión ha creado un nuevo entusiasmo y ha arraigado la fe en millones de personas que creen en los valores espirituales como medio de alcanzar una vida más noble y trascendente. Como ha afirmado la revista *Time* en un reciente ensayo: «El Papa polaco es el líder natural más impresionante del mundo actual... Su presencia moral en Europa oriental comunista y en la América Latina ha revelado que hay un ansia de una dirección espiritual más amplia».

Dios no ha muerto, como llegó a proclamarse en momentos de desaliento y de ateísmo, sino que se mantiene vivo, como un símbolo del bien y de una excelsa vida moral.

Democracias y Líderes

Al estrenarse en la Historia el nuevo decenio de 1980, los pueblos que integran el mundo libre tienen ante sí la tarea de robustecer sus fuerzas espirituales y materiales, y la de seleccionar líderes que sean capaces de guiar el rumbo histórico hacia metas de libertad, bienestar, seguridad y progreso.

Es evidente que hay un reto a la libertad, que se extiende a diversas partes del mundo, y que utiliza estrategias muy diversas. Ya se ha visto cómo la crisis energética y la inflación han sido armas empleadas para socavar la estructura de las naciones libres.

Pero si bien estos problemas han adquirido una creciente gravedad, podrían hallar solución si los países que integran nuestra civilización cristiana y occidental mantienen una firme unidad y una decisión de actuar enérgicamente frente al peligro. En el mundo del átomo y del espacio, con su enorme capacidad de destrucción, es indispensable adoptar una actitud de vigilancia y fortaleza frente a aquellos empeñados en extender su hegemonía por medio de la fuerza, el terrorismo y la guerra.

El nuevo decenio de los años ochenta pondrá a prueba la capacidad de las democracias para defenderse y para preservar un mundo de avanzada civilización. Sin duda es la democracia el sistema que permite, mejor que ningún otro, la utilización de la inteligencia para la solución de los problemas de la sociedad. La democracia viabiliza la aplicación del método científico al estudio de los problemas colectivos, mediante planes y programas cuya validez es probada por la experiencia.

Pero además, como ha destacado el filósofo norteamericano John Dewey, la democracia ofrece también un valor moral y religioso. «La democracia significa el derecho moral de todo individuo a compartir los beneficios de la sociedad, así como la responsabilidad moral de todo individuo de cooperar libremente al progreso de la sociedad», ha escrito Dewey.

Y también el ideal de la democracia, según Dewey, tiene un carácter religioso, ya que toda fe profunda en la capacidad de superación humana es religiosa en su esencia. De este modo, democracia, moral y religión vienen a integrarse en un sistema en beneficio colectivo, garantizando la dignidad de la persona y propiciando, con el concurso de todos, las mejores soluciones a los problemas de la sociedad.

Pero el funcionamiento complejo de un sistema democrático requiere de líderes que sepan despertar la fe y el entusiasmo del pueblo, y que al mismo tiempo tengan la capacidad para actuar con inteligencia y energía a fin de mantener la seguridad, el bienestar y el progreso del mundo libre.

En los últimos tiempos, se ha advertido que los líderes de las democracias no han estado a la altura de su responsabilidad histórica. Al amparo de tal situación, se han producido, y a veces se han agudizado, algunos de los conflictos y problemas que dieron lugar a la admonición de Solzhenitsyn.

Como Roosevelt y Churchill en circunstancias bien difíciles para el mundo libre, los líderes de las democracias tienen que desarrollar ahora una tarea que levante la fe y que unifique los esfuerzos en defensa de la Libertad. Es una formidable empresa que requiere un aporte extraordinario de voluntad e inteligencia. Pero es indispensable para salvar a la civilización de los peligros que la amenazan, y para garantizar al mundo el futuro una vida que no se vea regida constantemente por el miedo, la destrucción y el terror.

La Historia no es mero pasado, sino previsión del futuro. Corresponde a los líderes del mundo democrático adoptar las decisiones trascendentales que nos conduzcan a una nueva etapa de fecundas realizaciones y altas esperanzas, una etapa que afiance la seguridad y los valores espirituales de nuestra civilización.

José Ortega y Gasset

ORTEGA: HISTORIA Y LIBERTAD

Con un sentido previsor de la Historia, el pensador español José
Ortega y Gasset se adelantó a su tiempo, analizando algunos de
los problemas que habrían de ser característicos del mundo del
átomo y del espacio. Ortega vio con agudeza la gran trascendencia
de los principios de Einstein, afirmando que «la teoría de la relatividad es el hecho intelectual de más rango que el presente puede
ostentar». Atribuyó a esta teoría un sentido histórico, mucho
antes de que los principios enunciados por Einstein condujeran
a la reacción en cadena y la energía atómica, abriendo de hecho
una nueva etapa para la humanidad.

Por eso no es extraño que cuatro días después de su muerte
—ocurrida el 17 de octubre de 1955— más de mil estudiantes de
la Universidad Central de Madrid acudieran junto a su tumba
para depositar una corona de laurel y leer algunos de los pasajes
esenciales de su obra.

Los estudiantes fueron a dialogar con el maestro en el lugar
supremo para el ejercicio de la verdad. Y los estudiantes no llo-
raron sino que formularon una promesa en silencio: «Porque no
está todo perdido. Aún podemos de algún modo ser discípulos
suyos. Aún podemos ser juventud con maestro. Nuestro mejor
homenaje debe ser el silencio. Nos va a dar la clase. Es la última,
pero nosotros podemos hacer que sea también la primera».

Esta era la señal de que José Ortega y Gasset, abrazado ya a
la tierra para siempre, iniciaba apenas un magisterio ideológico
cuyo vigoroso contenido constituye uno de los capítulos más lúcidos y apasionantes de la cultura contemporánea.

José Ortega y Gasset ha sido uno de los escritores contemporáneos más leídos por el público de habla hispana y aun por el
de otros idiomas. Sus obras han circulado en sucesión de ediciones.
Sin embargo, no puede decirse que Ortega haya sido bien com-

prendido, aun entre las minorías intelectuales. Ello se debe quizá a la esencial relatividad de su pensamiento. Ortega no ha postulado verdades absolutas, definitivas. Se acercaba a los temas, desentrañaba sus íntimas implicaciones, iluminaba el paisaje, pero era muy cauteloso en sus conclusiones. No tenía dogmas que ofrecer, sino un angustioso forcejeo para hallar el alma profunda de las cosas y el sentido de la vida. De ahí su radical divergencia con Unamuno, siempre sediento de absolutismo doctrinal.

Creo que Ortega y Gasset ha sido mejor comprendido en América que en el Viejo Mundo. Con sus conferencias en Argentina y sus colaboraciones para *La Nación*, cimentó en estas tierras una gran fama y prestigio. Sus temas, sus frases, su estilo matizado de metáforas, pasaron a formar parte de la atmósfera cultural de Iberoamérica. Ortega ha sido llevado y traído, unas veces en triunfo, otras zaherido con pasión, pero siempre beligerante en la aventura de la inteligencia.

En diversas oportunidades, el ilustre escritor puso su fe en América, considerándola como la tierra del porvenir. «Es un país de nostalgia —dijo con frases citadas de Hégel— para todos los que están hastiados del museo histórico de la vieja Europa». Fue por eso que la muerte de Ortega y Gasset hubo de sentirse con tan sincero pesar en nuestros países. En cierto modo José Ortega y Gasset pertenece a América, por la amplitud de sus horizontes ideológicos, por su vocación de libertad, por su denuedo en combatir el absolutismo en todas las fronteras de la vida y del conocimiento.

Concepto de la Vida

El pensamiento de José Ortega y Gasset es, en lo fundamental, una meditación ante la vida, una búsqueda de los íntimos resortes que mueven al ser humano. Todos los demás temas que enfoca parecen depender siempre de esa preocupación que invade a Ortega por descubrir los misterios de la vida del hombre frente a la circunstancia.

Por eso proclama Ortega que «el tema propio de nuestro tiempo y la misión de las actuales generaciones consiste en hacer un enérgico ensayo para ordenar el mundo desde el punto de vista de la vida». Esto implica que todo aquello en lo cual el hombre ha puesto su fe: cultura, moral, religión, arte, política, debe ser mirado desde una nueva perspectiva, como parciales manifestaciones de una realidad cuyo centro está en el hombre. Su doctrina de la vida la desarrolla Ortega y Gasset no en una forma sistemática, sino en diversos ensayos y libros, entre ellos *El tema de nuestro tiempo, En torno a Galileo, Ensimismamiento y alteración, Ideas y creencias, La historia como sistema.* Es indispensable penetrar en la urdimbre ideológica de esas obras, con paciencia y rigor, para comprender su punto de vista.

Para Ortega la vida humana es la realidad radical. Todo ha de referirse a ella como si fuese el centro de un sistema planetario en el cual giran las cosas alrededor del hombre. Y la vida no es el mero cuerpo, ni el alma, ni la combinación de ambos, sino una actividad, un quehacer. «El hombre no tiene otro remedio —dice— que estar haciendo algo para sostenerse en la existencia». El pensador español gusta mucho de utilizar la palabra drama para caracterizar la vida, porque en una y en otro predomina la acción. No puede concebirse la vida sin dramatismo, es decir, sin una continua problemática que el hombre ha de resolver para que la existencia sea posible.

Esa realidad radical que es la vida se desarrolla siempre en una circunstancia determinada. El hombre está situado no en el vacío, sino ante un mundo de cosas que le rodean y con las cuales tiene que entrar en relación. La vida se va haciendo en choque con esa realidad ambiental. «Esta faena —apunta Ortega y Gasset— se llama vivir y consiste en que el hombre está siempre en una circunstancia, que se encuentra de pronto y sin saber cómo, sumergido, proyectado en un orbe o contorno incanjeable, en éste de ahora».

La operación de vivir es sin duda difícil, porque impone al hombre, en cada momento, una decisión. Ha de batirse con las cosas y consigo mismo, en acerada contienda. Para ello le sirve la inteligencia, que es el instrumento de relación entre la persona y el cosmos. La inteligencia ocupa en Ortega y Gasset, como en Dewey, un plano subordinado a la vida, como medio de que ésta se vale para la mejor realización de sus fines. De ahí que Ortega hable de la razón vital, oponiéndola a la mera razón lógica que campeó durante el siglo XIX.

Subraya Ortega que la mayor parte de los actos del hombre se rigen por creencias u opiniones no elaboradas por él, sino que forman parte de la estructura social en que vive. Recibe, como heredero, el caudal de las experiencias de los demás, y lo aplica a su propia existencia. Estas creencias o convicciones son para Ortega el suelo de nuestra vida y desde ahí comienza a elevarse esa construcción frágil y efímera que es la persona, especie de náufrago que trata siempre de buscar una playa para su salvación.

El vivir consiste, pues, en actuar frente a la circunstancia, para lo cual el hombre despliega una doble capacidad: hacia afuera, en el sentido de conocer las cosas, y hacia adentro, para adoptar decisiones, de acuerdo con la experiencia individual y colectiva. La inteligencia es un medio de comunicación entre los hombres y las cosas, una especie de servicio diplomático en el mundo del conocimiento.

En un ensayo muy sagaz, titulado *Ensimismamiento y alteración*, describe Ortega la diferencia entre la vida del animal y la del hombre. El primero, al entrar en contacto con el mundo de las cosas, queda como prisionero de la circunstancia. Está volcado siempre hacia afuera, en una forma radical e irrevocable. El hombre, en cambio, es capaz de refugiarse en su intimidad, de pensar y recrear el mundo a su antojo, para después volver a él. El animal vive alterado, esclavizado por la circunstancia, en tanto que el hombre se repliega en sí mismo, y esta facultad le permite descubrir métodos inteligentes para dominar el mundo exterior, mediante la técnica. «No puede hablarse de acción —dice Ortega— sino en la medida en que va a estar regida por una previa contemplación; y viceversa, el ensimismamiento no es sino un proyectar la acción futura». De modo que la vida humana es primariamente acción, la cual nos conduce al pensamiento, como medio de resolver los problemas, y finalmente éste se convierte en acto. Va, pues, el hombre de sí mismo hacia las cosas y del mundo externo a su intimidad, en un movimiento pendular impulsado por fuerzas arcanas.

No quiere Ortega reducir la vida a razón, a cultura. Vida es más que eso: «una utopía incitante, una leyenda secreta que cada cual guarda en lo más hondo de su pecho». De ahí que el filósofo madrileño adopte la consigna de Píndaro: «llega a ser el que eres».

Ortega y Gasset cree haber hallado el sésamo-ábrete para una vida humana más feliz y plena. Se denomina razón vital, que busca el contacto ingenuo o directo con las cosas, para henchirse de todo el dolor y la alegría del mundo. Una especie de inteligencia en alborada, sin beatería de la cultura, sin aberraciones ni divorcio de la realidad. Todo el pensamiento de Ortega gira, como si dijéramos, en torno a la razón vital.

Sentido de la Historia

El pensamiento de Ortega está nutrido de historicismo, hasta el extremo de identificar la historia con la vida. El hombre, según él, no tiene naturaleza, sino historia. Esta afirmación, que pudiera parecer absurda o sumamente audaz, la basa Ortega en el hecho de que la vida humana carece de la fijeza y regularidad de la realidad física. El hombre es capaz de vencer las leyes naturales. Su esencia es el cambio, el perpetuo fluir, la lucha por realizarse a sí mismo dentro de la circunstancia en que se halla situado. En este quehacer incesante, la vida del hombre se nutre de experiencia, de historia.

En su ensayo sobre Dilthey, con quien Ortega presenta tanta afinidad, nos aclara que el hombre es histórico por las siguientes razones: (1) en el sentido de que no tiene una constitución efectiva que sea inmutable, sino que al revés, se presenta en las formas más variadas y diversas; (2) en el sentido de que, en cada momento, lo que el hombre es, incluye un pasado, aunque sólo lo refiramos a la existencia individual; (3) en el sentido de que nuestro recuerdo influye en nuestra actualidad, en cuanto nos da un resumen de nuestra vida anterior.

La historia es para Ortega algo más que una ciencia determinada, es una reconstrucción de la vida del hombre, partiendo de sus experiencias, y en tal sentido, constituye la base del conocimiento. Y porque le concede a la historia tan alta categoría, Ortega quiere hacer de ella una ciencia sistemática de la realidad radical que es la vida. Para tal empeño, se propone buscar la razón en la historia, filiar el sistema de convicciones de cada época y pueblo. Caracteriza así la Edad Media como la época de la fe y la Moderna como la época de la razón física o natural, para sustanciar finalmente su tesis de que se necesita una nueva razón histórica, cuya misión consiste en descubrir los valores, los ideales y metas de la vida humana.

La historia para Ortega tiene su estructura específica, que proviene de las creencias comunes en cada período de la humanidad. En la medida en que llegamos a identificar esos principios o normas que rigen la vida de los pueblos, estaremos en condiciones de conocer su historia genuina. Más que una tarea erudita, de acumulación de documentos y datos, el historiador debe realizar una investigación creadora. No se trata de presentar un frío esquema de hechos, sino de reconstruir, a la manera del científico y del poeta, una realidad determinada, una forma histórica que el hombre moldeó dentro de la arquitectura vital de su mundo y su tiempo.

Ortega no se limitó a presentar su concepto de la historia, sino que hubo de aplicarlo al estudio de determinadas etapas de la humanidad. Los análisis que realiza de la vida de Roma y del tránsito de la Edad Media al Renacimiento son de una extraordinaria agudeza, y arrojan luz sobre aspectos históricos no dilucidados o confusos.

Finalmente, en su sistema de la historia, Ortega no se olvida de la misión de las generaciones. Estas encarnan el espíritu de su tiempo, su manera específica de reaccionar frente a los problemas comunes. Las generaciones son las encargadas de enarbolar los ideales que han de convertirse en realidad histórica, o como dice el profesor hispano a su modo metafórico, ellas son, «el teclado de circunstancia en que los coetáneos tienen que tocar la sonata apasionada de la vida».

Vida como Libertad

La noción de la libertad surge en Ortega de su propia idea de la vida. Como que ésta es quehacer y problema, requiere a cada momento una decisión. Hay una serie de posibilidades entre las cuales puede el individuo elegir. En este imperativo de selección reside nuestra libertad. Ortega se encarga de aclarar que somos libres por fuerza, querámoslo o no. La libertad forma parte de la íntima estructura de la vida.

Si el hombre fuese fijo e inmutable, si sólo tuviera naturaleza, entonces no podría ser libre, porque no se le daría la posibilidad de escoger su destino. Pero sucede en el hombre algo excepcional: su vida le es dada y tiene que hacerla al mismo tiempo. Esta capacidad creadora le acerca a Dios, «a un Dios de ocasión —como diría el cardenal Cusano— porque su creación no es absoluta, sino ceñida a la circunstancia».

Para Ortega y Gasset la libertad es inherente a la vida humana y no cabe renunciar a ella, a menos que se renuncie a vivir. Por eso es importante que, en las estructuras sociales y políticas de la humanidad, se respete este atributo inalienable de la persona. Pero la vida como libertad no supone el mero disfrute de los derechos civiles, sino que «los hombres vivan dentro de sus instituciones preferidas, sean éstas las que sean». Lo contrario es la vida como adaptación, o la esclavitud política, en que el individuo queda anonadado y sepulto bajo el peso avasallador del Estado.

El régimen de la libertad individual, según aclara Ortega y Gasset, depende no tanto de la coacción que el Estado ejerza, como de la forma de ésta. Siempre la presión estatal actúa sobre el individuo. Cuando esa presión responde a una voluntad mayoritaria y establecida por la ley, la libertad no sufre mengua. En cambio, cuando la coacción es ejercida en forma arbitraria o ilegítima, se vicia y resquebraja el sistema de instituciones libres.

En un ensayo famoso, *La rebelión de las masas*, Ortega hizo la más certera defensa de la vida como libertad. Ya batía entonces fuertemente sobre Europa la tolvanera totalitaria. Comunismo y fascismo se pusieron de moda, como nuevos maniquíes que se ofrecían, desde las vitrinas políticas, a la frivolidad del hombre contemporáneo. Y todo el mundo quería colocarse el traje totalitario, su camisa roja o negra, para exhibirla con el puño en alto y el grito iracundo en los labios. Ortega y Gasset tuvo el valor de enfrentarse al monstruo y de proclamar su verdad sin miedo a los rugidos. La defensa que entonces hizo del liberalismo fue luminosa y la historia le ha dado la razón.

En *La rebelión de las masas* se plantea el hecho de las aglomeraciones como uno de los fenómenos más característicos de nuestro mundo contemporáneo. «La muchedumbre —escribía Ortega— se ha hecho visible, se ha instalado en los lugares preferentes de la sociedad. Antes, si existía, pasaba inadvertida, ocupaba el fondo del escenario social; ahora se ha adelantado a las baterías, es ella el personaje principal. Ya no hay protagonistas; sólo hay coro».

Esta subida del nivel histórico de las masas se le debe en gran medida a América, que adopta un nuevo sentido de la vida, basado en el bienestar y la libertad. Ortega lo señala en su ensayo y añade que el europeo trata de nivelarse con el americano, al aplicar las técnicas del progreso a la vida social. Hay un dato muy ilustrativo sobre lo que representa el adelanto técnico: en 1820 no había en París diez cuartos de baño en casas particulares. La civilización contemporánea es en gran medida una revolución de cuartos de baño, en que América actúa de pionera.

El crecimiento del mundo contemporáneo y el ascenso en el nivel de vida general hacen que el poder público se halle bajo la directa influencia de la masa. El hombre-masa se caracteriza, según Ortega, por cierto sentido hermético de su alma, que se encuentra cerrada para todo aquello que no sea el interés del grupo o la clase. Su arma frecuente es la imposición o la violencia para obtener sus fines. Poco importa tener razón. «Bajo las especies de sindicalismo y fascismo —dice Ortega— aparece por primera vez en Europa un tipo de hombre que no quiere dar razones ni quiere tener razón, sino sencillamente se muestra resuelto a imponer sus opiniones». Por ello odia los parlamentos, que son los lugares donde el diálogo público se realiza, y se pronuncia contra la democracia, que es el régimen que se basa en la libre discusión de los problemas. Para el hombre-masa o totalitario, el poder público es un ejercicio de la violencia y una forma de suprimir al contrario.

Frente al hombre-masa, que es una desnaturalización del ciudadano, porque supone un hombre cortado por mitad, sin alma, «el liberalismo —apunta Ortega— es la suprema generosidad; es el derecho que la mayoría otorga a las minorías y es, por tanto, el más noble grito que ha sonado en el planeta. Proclama la decisión de convivir con el enemigo, más aún, con el enemigo débil. ¿No empieza ya a ser incomprensible semejante ternura?»

En efecto, el bolchevismo y fascismo se habían encargado de ir debilitando la fe del hombre en esa bella concepción de la política como convivencia de las ideas disímiles. Un bronco rugido de selva, monocorde y salvaje, se oía en la atmósfera. Ortega lo vio con claridad y dijo verdades tan proféticas como ésta: «Bolchevismo y fascismo son dos claros ejemplos de regresión sustancial. Uno y otro son dos seudo-alboradas; no traen la mañana de mañana, sino la de un arcaico día, ya usado una o muchas veces; son primitivismo».

Una experiencia de más de un cuarto de siglo ha venido a confirmar el aserto de Ortega. El brote totalitario, en sus múltiples especies, no ha sido otra cosa que una pretensión de volver atrás. Las páginas de *La rebelión de las masas* nos revelan que la profecía histórica es a veces posible, y que Ortega y Gasset la practicó con agudo talento y sensibilidad, sin faltarle asimismo las galas de un estilo asistido de belleza y poesía.

Teoría del Amor en Ortega

Como buen español y americano, Ortega y Gasset dedica muy preferente atención en sus escritos al estudio del amor. Da a este sentimiento una categoría fundamental en las relaciones humanas. En *Meditaciones del Quijote* plantea que el problema del conocer consiste en mostrar hacia las cosas una amorosa comprensión. Para Ortega la inconexión es el aniquilamiento. Es indispensable que todo esté en armonía, de acuerdo con el postulado platónico: «Amor es un divino arquitecto que bajó al mundo, a fin de que todo en el universo viva en conexión».

Pero no siempre el amor es un ejercicio intelectual de comprensión. Presenta a veces todo el fuego de la pasión erótica. Entonces el amor se nos revela como una fuerza centrífuga que se desprende de la persona enamorada, en virtud de sentirse encantada por las bellezas y cualidades del otro ser. El enamorado vive en un éxtasis místico, en una adoración maniática de la persona amada, que ocupa toda su vida y atención. Nada hay fuera de ella. Ningún bien ni ningún mal. El enamorado va en pos de su amor como la flecha que busca desesperadamente su blanco.

Este amor-pasión no es el deseo, que se satisface con la posesión y que dura poco, sino algo que se prolonga en el tiempo. «El amor —dice Ortega— es una fluencia, un chorro de materia anímica, un fluido que mana con continuidad como de una fuente». Enamorarse es caer en estado de gracia, como le sucede al místico, tocar el cielo con la imaginación. El enamorado es un borracho del corazón; se siente embriagado por el divino alcohol de su propia sangre enardecida. Los enamorados se crean su mundo de maravilla. Por eso quieren estar solos, permanecer siempre juntos. Sólo ellos se comprenden, porque sólo ellos conocen los deliquios y los secretos de esa dulce embriaguez.

En un prólogo de gran sutileza, que Ortega escribió para el libro de Victoria Ocampo *De Francesca a Beatrice*, hubo de señalar algunas de las más delicadas aristas del sentimiento amoroso. Según Ortega, la misión esencial de la mujer no es la de ser madre, ni esposa, ni hermana, sino la de atraer el hombre con su encanto. La facultad de encantar, he ahí lo más profundamente femenino. Aquí la mujer se revela en toda su plenitud vital.

Este arte de encantamiento, especie de magia con que la mujer enloquece al hombre, no consiste sin embargo en una actividad determinada y concreta, sino al contrario en un estado en cierto modo pasivo y expectante. Una mirada, un leve giro de abanico, bastan para expresar sus sentimientos. La mujer reina desde su territorio cuyo aire nos envuelve de un modo inefable. Su hechizo está hecho de ingravidez y de misterio. Ese poder, según Ortega, debe ser utilizado por la mujer para la selección de los hombres mejores. Del tipo de varón que ella prefiera dependerá en gran medida el destino de la civilización.

El amor es, en resumen, una fuerza que mueve la vida hacia adelante, que produce la excelsitud moral y la sabiduría del conocimiento. Sin amor, estaríamos como niños perdidos en la inmensidad del cosmos.

Podría decirse, en síntesis, que la meditación de la vida, la libertad y el amor es como la bandera tricolor que puso a flamear en nuestra época ese luminoso pensador de España y de América que desapareció hace diez años, pero cuyas ideas perdurarán como su nombre.

49

JOSÉ MARTÍ Y NUESTRA AMÉRICA

Una Concepción Histórica

José Martí contempló la Historia no en su mero desarrollo periférico, sino con un enfoque combinado y profundo de idealismo-realismo. Su visión idealista de la Historia provenía de fuentes europeas —Kant, Hegel y el Krausismo español— que va a combinarse con fuentes americanas —el trascendentalismo de Emerson y Thoreau— que tanto influyó en las ideas del líder cubano.

Veía Martí la Historia como una empresa aplicada a la búsqueda y conquista de la Libertad, aunque no dejaba de tener en cuenta también la realidad específica e ingenua de los pueblos de América, y la necesidad de conocer íntimamente esos factores autóctonos.

A partir de su regreso a América, después de varios años de destierro y de estudios universitarios en Madrid y Zaragoza, José Martí mostró un especial interés en la interpretación de la Historia, especialmente la Historia de América. La contemplación de las culturas indígenas en México y Guatemala, le dio una visión directa y amplia del pasado colombino, como sus estudios anteriores en España le habían permitido abrevar con avidez en la civilización y la literatura hispánicas. Reunió así las dos vertientes culturales que forman el sustrato de nuestra historia.

Es importante señalar que a tono con su pensamiento filosófico y político, sus ideas sobre la Historia estuvieron completamente alejadas del materialismo dialéctico, o la teoría marxista. Jamás consideró Martí que los factores económicos fueran los únicos o los preponderantes en el acontecer de la Humanidad. Así lo podemos confirmar en su análisis de la Historia de América, que Martí describe como una gran epopeya en que se destacan personajes centrales como el padre Las Casas, el incansable defensor de los indios, y aquellos que lograron la Libertad de América con un denuedo heroico, como Simón Bolívar, Washington, Hidalgo y San Martín.

No cabe duda de que para Martí, el factor humano y espiritual, es la gran palanca que hace mover el curso de la Historia. Si revisamos su inspirado artículo «Tres Héroes», que escribiera para los niños de América, vemos en cuán alto grado sitúa Martí el factor heroico. «Un escultor es admirable» —escribe— «porque saca una figura de la piedra bruta, pero esos hombres que hacen pueblos son como más que hombres».

Para Martí, la Historia se forja en gran medida mediante la acción y la pasión de estos titanes, cuando concentran sus esfuerzos en el empeño de luchar por la libertad. En el mismo artículo, precisa aún más su idea, cuando dice: «Esos son héroes, los que pelean por hacer a los pueblos libres, o los que padecen en pobreza y desgracia por defender una gran verdad».

El concepto idealista está bien claro: libertad y verdad (la verdad del arte, la ciencia y la cultura) son objetivos históricos que se alcanzan por medio de hombres superiores. Son ellos los «gigantescos fundadores», dice Martí. «En ellos van miles de hombres, va un pueblo entero, va la dignidad humana. Esos hombres son sagrados». La Historia está, pues, regida por esos personajes épicos que encarnan los anhelos y las más altas esperanzas de los pueblos.

Esta concepción de la Historia tiene sus antecedentes, como decíamos antes, en los filósofos alemanes Kant y Hegel, que en los siglos XVIII y XIX sustanciaron una interpretación idealista del desarrollo histórico.

Para Kant, en su ensayo «Idea de la Historia Universal Desde un Punto de Vista Cosmopolita», la Historia de la Humanidad obedece a un plan de progreso que conduce hacia un bienestar mayor y una más amplia libertad. Se requiere, según Kant, una sociedad «que combine con la mayor libertad posible, y el consecuente antagonismo de sus miembros, la más rígida determinación y garantía de los límites de esa libertad, en tal forma que la libertad de cada individuo pueda coexistir con la de los demás». Es decir, la libertad organizada dentro de un régimen de derecho, que conduzca finalmente a una sociedad internacional con autoridad sobre cada uno de sus miembros.

Hegel, en sus «Conferencias sobre la Filosofía de la Historia», concibe el acontecer humano, a lo largo de los tiempos, como el desarrollo de la idea de la libertad. La Historia está imbuida del Espíritu, es decir, de la pasión y la inteligencia del hombre trabajando en busca de una mayor perfección moral y social. Y, acentuando su concepción idealista Hegel nos dice que «la libertad es la expresión verdadera del Espíritu».

La propia vida de José Martí fue una confirmación absoluta de este concepto hegeliano: la Libertad como expresión del Espíritu.

Durante la época en que Martí cursa sus estudios universitarios en España, la filosofía del idealismo alemán era discutida y divulgada, sobre todo por Sanz del Río y los seguidores del krausismo. Wifredo Fernández, en su esclarecedor ensayo «Martí y la Filosofía», señala que «indudablemente, a través del krausismo español, deja el idealismo alemán una huella en Martí». Es una huella bien patente, que podemos descubrir en forma clara al revisar su interpretación filosófica de la Historia.

Pero las corrientes del idealismo le llegan a Martí no sólo por conducto de los filósofos alemanes y españoles, sino básicamente a través del pensador norteamericano Ralph Waldo Emerson y del movimiento trascendentalista.

Para Emerson, la Historia es la expresión del espíritu universal. «Toda la Historia tiene una base subjetiva; en otras palabras, no hay propiamente historia, sólo biografía». El factor humano, desde las primeras civilizaciones hasta nuestros días, determina el curso de los acontecimientos en un proceso ascendente hacia la Libertad. La Historia resulta así una experiencia trascendente. En su libro «Hombres Representativos», Emerson trata de encontrar la huella de la grandeza y del ejemplo moral e intelectual en hombres como Platón, Shakespeare, Swedenborg y Goethe.

No cabe duda de que si hubo un movimiento ideológico afín al pensamiento de José Martí, éste fue el del trascendentalismo, y no sólo por sus hondas raíces idealistas, sino también porque fue una expresión de la independencia intelectual de América. Recuérdese que Emerson, en su famosa conferencia «The American Scholar», recomendaba que se olvidara un tanto a Europa, y que se trabajara en nuestras universidades y escuelas, con los elementos propios de nuestra realidad americana.

También Martí nos va a decir que «en América se imita demasiado y que la salvación está en crear». Por eso, se considera en el deber de contribuir a la emancipación no sólo política de nuestra América, sino también a la emancipación ideológica. Y concentra sus esfuerzos en crear un nuevo pensamiento americano y un nuevo estilo literario, que después tendría su culminación en el modernismo.

Martí contribuye así a un despertar de la conciencia americana. A partir de su prédica, los escritores e intelectuales de la América hispana comienzan a expresarse en un estilo que aspira a una mayor originalidad creadora, abandonando las frases trilladas y los conceptos meramente retóricos.

La Realidad de América

Si su concepto de la Historia se basa en un seguro fundamento idealista, de raíces filosóficas, no se le esconde a José Martí la necesidad de tener muy en cuenta la realidad americana.

Es una realidad de triple dimensión, a la cual hay que mirar en una forma cuidadosa y atenta. En lo inmediato, la realidad física de América, con su gran extensión geográfica, sus selvas impenetrables, sus enormes ríos y montañas, su variedad de climas. Al lado del Amazonas, o de los Andes, los ríos y montañas de Europa parecen cosas de juguete. Es un continente nuevo y grandioso. Visitó Martí aquellos lugares donde vivieron los mayas y los aztecas, con sus templos y sus obras de arte. En Uxmal, Tetzcontzingo, Copán, aprendió a admirar la fecunda belleza y el arte autóctono de América. Y su pluma parece entonar un canto enamorado a la naturaleza exuberante que pone también su sello de grandeza en la inteligencia de los americanos.

Luego, la realidad humana. Pueblos formados de una conjunción de razas, «pueblos originales, de composición singular y violenta». Pueblos integrados por «masas mudas de indios», españoles y criollos, que se funden en un crisol nuevo, para darnos una fisonomía y unos caracteres espirituales que nos diferencian del origen étnico.

Si la naturaleza y los hombres son distintos, también han de serlo las instituciones y los métodos de los gobernantes. Martí está contra el mero trasplante de los sistemas foráneos a nuestro hemisferio. En uno de sus artículos más luminosos sobre el tema, titulado «Nuestra América», publicado en 1891, Martí nos dice: «El gobierno ha de nacer del país, las formas de gobierno han de avenirse a la constitución propia del país. El gobierno no es más que el equilibrio de los elementos naturales del país».

Estas palabras son terminantes e inequívocas. Martí se opone a los sistemas políticos importados, a los regímenes calcados de otras realidades. El quiere una América original y creadora, capaz de resolver sus problemas sin tener que recurrir a la cartilla extranjera. «Conocer es resolver. Conocer el país y gobernarlo conforme al conocimiento, es el único modo de librarlo de tiranías». Es decir, que sólo mediante el conocimiento amplio y profundo de la realidad de América, pueden los gobernantes avanzar hacia soluciones originales y creadoras, que permitan el progreso en un ambiente de libertad.

Por otra parte, la experiencia de lo que Martí ha visto en los países de América, lo pone en guardia contra el peligro de los líderes exóticos o demagógicos. No se puede gobernar sólo con un grupo o clase. Martí dice al respecto palabras de una gran madurez y previsión: «Se entiende que las formas de gobierno de un país han de acomodarse a sus elementos naturales, que las ideas absolutas, para no caer en un yerro de forma, han de ponerse en formas relativas; que la libertad, para ser viable, tiene que ser sincera y plena; que si la república no abre los brazos a todos, y adelanta con todos, muere la república».

Nada, en efecto, ha desnaturalizado tanto a las repúblicas de América como el sistema de grupos y camarillas, que imponen por la violencia sus opiniones. Violencia y demagogia han sido los peores enemigos del progreso de nuestro Hemisferio.

Por otra parte, José Martí ha podido conocer la realidad de las dos Américas, y sabe que es necesario llegar a un entendimiento y colaboración. Después de su experiencia en México y Guatemala, se traslada a residir en los Estados Unidos, y puede contemplar de cerca el experimento democrático que se realiza en el país del Norte. El exilado cubano estudia las instituciones políticas, económicas y sociales de esta nación, y se adentra en su historia y literatura. Es capaz, en esta forma, de hacer una amplia divulgación, en la América Latina, de la vida cultural en los Estados Unidos, con brillantes artículos sobre Emerson, Whitman, Longfellow y otros.

En ningún otro país encontró tanta libertad, como en los Estados Unidos, para desarrollar su capacidad creadora y para organizar el movimiento de independencia de su patria. El ejemplo, además, de una sociedad más avanzada en sus instituciones y con grandes recursos científicos y tecnológicos, le sirve como una experiencia sumamente provechosa para hurgar con profundidad en el análisis histórico de América.

Como en los casos de Miranda y de Sarmiento, el exilado cubano puede comparar con amplitud de enfoque las dos vertientes culturales de la civilización occidental en América, para llegar a la conclusión de que se requiere una colaboración armónica para la solución justa de los problemas, y no una confrontación constante.

El exilado cubano ve las virtudes y los defectos de la civilización norteamericana, como antes había podido apreciar la de los pueblos indo-hispanos. Está consciente de que ninguna de estas sociedades es perfecta, y que cada una tiene sus peculiaridades económicas y culturales, pero cree posible llegar a lo que llamó «la unión tácita y urgente del alma continental».

La concepción de Martí sobre América tiene una madurez que es difícil encontrar en muchos de sus contemporáneos. No cae en el simplismo de considerar la realidad americana en una forma unilateral, ni ve la necesidad de predicar el odio entre razas y pueblos distintos, sino que después de analizar los diversos y complejos factores, advierte la posibilidad de una síntesis fecunda.

Todavía los extremistas de hoy discuten esa posibilidad y prefieren el enfrentamiento, la violencia y la guerra, como una forma de afrontar los problemas de América. Es una actitud que se basa en la ignorancia de los factores reales y profundos que operan en el drama histórico y cultural de América.

La Vida Heróica

Su concepción de la Historia, entendida como fuerzas del espíritu que actúan en pro de la libertad y del progreso en una determinada realidad, hubo de aplicarla José Martí a su propia vida. Fue su espíritu uno de los más poderosos y lúcidos de América. Dedicó su vida entera a la lucha por la Libertad, como Simón Bolívar, pero también fue un héroe de la inteligencia y de la pasión moral.

Su vida se habría de desarrollar en un plano superior, con algo de predestinación misteriosa. Desde que era un niño casi, ya se le veía una inclinación a la grandeza. Su recio espíritu se va formando no sólo en las aulas escolares, sino en el dolor y la lucha.

El temprano presidio político —a los 17 años de edad— fue una de sus experiencias más dolorosas y tristes, que le dio un conocimiento dramático de hasta dónde pueden llegar la maldad y el odio. Sufrimiento físico y moral, que dejó en su carne y en su espíritu una honda huella, y que lo convirtió en un luchador indomable contra el despotismo.

Puede decirse que, en gran medida, José Martí está formado

moralmente, antes que intelectualmente. Cuando llega desterrado a Madrid, en 1871, todavía no había iniciado sus estudios universitarios, pero sin embargo, su talla moral tenía ya una dimensión heroica.

Es en España donde su inteligencia comienza un intenso cultivo, bajo la disciplina del estudio universitario. El espíritu formado en el dolor y la lucha, se nutre entonces de los principios del derecho, la filosofía y la literatura. Su mente se enriquece además con la lectura de los clásicos de la lengua y con el análisis de las doctrinas políticas y sociales de la época.

Para ampliar aun más ese acervo cultural, Martí añade idiomas y literaturas extranjeras, como el francés y el inglés. Esto le permite salirse hacia lo universal, dándole a su espíritu la aptitud de comparar y descubrir los horizontes culturales de su tiempo.

Formado así con la savia de las universidades, las lecturas y el conocimiento de literaturas diversas, Martí está preparado, siendo muy joven aún, para su hazaña intelectual como escritor, pensador y maestro de su generación.

No es extraño que, al retornar a América, se le respete y admire en países como México y Guatemala. Martí es un torrente de saber y de elocuencia, pero como obedeciendo siempre a un misterioso destino que tiene profundos cauces morales y patrióticos.

Aquel joven se pasea ya como un maestro por las cátedras, las tribunas, los periódicos. Su saber es horizontal por su amplitud, pero aún más vertical por su profundidad. Se le puede probar en lo filosófico, lo religioso, lo político y lo literario. Debate y escribe sobre estos temas como si estuviera en terreno propio, como si se tratara de un ejercicio alegre y siempre luminoso del espíritu.

Le seduce la América indígena, con su gran tradición de arte y de imaginación creadora. «La historia de América, de los incas acá, ha de enseñarse al dedillo, aunque no se enseñe la de los arcontes de Grecia», decía Martí, en su incesante prédica americanista. Pero al mismo tiempo, observa el atraso social y político de la América hispana, con su tendencia al despotismo. El ha visto a los tiranos adueñarse del poder, y lo explica así: «¿Cómo han de salir de las universidades los gobernantes, si no hay universidad en América donde se enseñe lo rudimentario del arte del gobierno, que es el análisis de los elementos peculiares de los pueblos de América?»

Martí no puede adaptarse a vivir bajo sistemas de opresión política. Así salta de un país a otro de América, en busca de libertad. Para el desterrado cubano, la libertad es como el eje, como el centro de la vida misma. Donde no hay libertad, se siente afixiado e impaciente.

Así, después de un peregrinaje por diversas tierras, donde siempre choca con el tirano de turno, va finalmente a residir en Nueva York. Es un mundo nuevo, «donde cada hombre parece ser dueño de si mismo». Y aquí, durante su estancia de quince años, Martí madura su obra literaria y política, publica sus libros, escribe para numerosos periódicos de la América Latina, organiza la liberación de su Patria.

Obra múltiple que sólo puede realizarse por un genio de la inteligencia y de la acción. Ya tiene un seguro concepto de lo histórico, ya su estilo abre nuevos caminos a la expresión literaria hispánica, ya ha madurado una estrategia para la lucha por la libertad.

Martí no cae en el simplismo de José Enrique Rodó, quien considera que todo lo malo (Calibán) está en el Norte, y que todo lo bueno (Ariel) está en el Sur. La visión unilateral de José Enrique Rodó se basa en su desconocimiento de la cultura del Norte, pues nunca visitó los Estados Unidos ni estudió sus instituciones. Martí tiene la experiencia fecunda de las dos Américas, y su juicio se fundamenta no sólo en la teoría, sino en el análisis y la observación de la realidad americana. Es de esos hispanoamericanos sagaces que lograron adquirir una visión integral de América.

La revolución que Martí predica no es sólo la que habría de conducir a la independencia de Cuba y la instauración de una nueva república, sino también la de una América capaz de plasmar una síntesis histórica en beneficio de todos los pueblos del Hemisferio.

Al elaborar su estrategia para la lucha por la libertad de su Patria, Martí tiene en cuenta todos los factores hemisféricos, y quiere que su isla sirva, en medio del Mediterráneo americano, como un agente catalizador de las culturas y de los pueblos del Nuevo Mundo.

No fue la suya una visión puramente nacionalista y estrecha, sino de amplio alcance histórico, como adelantándose al futuro. Él conocía los factores de atraso y barbarie que lastraban nuestro progreso. Y como Sarmiento, estaba consciente de la necesidad de una gestión civilizadora, que llegara a los más profundos estratos del pueblo y que nos permitiera echar las raíces de una sociedad democrática.

El pensador que supo hurgar en las teorías filosóficas y sociológicas de su época, el escritor que inauguró un nuevo estilo de expresión literaria en América, el periodista que divulgó los acontecimientos y personajes de la vida norteamericana, va a desembocar finalmente en el hombre de acción que organiza la lucha por la liberación de su Patria, y que muere en esa empresa.

Temeroso de las tendencias a la tiranía militar, que pudo observar en su peregrinaje por las naciones de América, Martí se cuida mucho de fundar una poderosa base civil para su empeño revolucionario. En ciertos momentos, esto le crea fricciones con los jefes militares cubanos, que quieren tener un control más absoluto y férreo.

Su fórmula democrática está expresada en una frase suya famosa: «Con todos y para el bien de todos». No una república de camarillas, ni de clases, ni de grupos, sino asentada en la voluntad soberana de la nación. Si los jefes militares no comprendían bien esta consigna, sí la supieron entender los tabaqueros de Tampa y de Cayo Hueso, que dieron su más firme apoyo a la empresa revolucionaria. Y así, con una amplia base popular entre los emigrados, Martí organizó la lucha por la liberación de su Patria, que era también una lucha por la justicia y la libertad en todo el Hemisferio Americano.

Pero todo esto no era suficiente a su juicio, aunque de por sí constituía una hazaña de la inteligencia y del genio político. Llegó a la conclusión de que era necesario también el sacrificio de su propia vida.

«La muerte es vía, y no término», nos dice. Va al encuentro de la muerte en una forma alegre. Los días que antecedieron al 19 de mayo de 1895 fueron de los más felices de su vida, según hubo de consignar en su propio diario. «Esta felicidad explica por qué los hombres se entregan al sacrificio», confiesa. Y se lanza al combate en Dos Ríos, en busca de las balas del enemigo.

Su concepción de lo heroico, como factor que impulsa la Historia, queda pues aplicada a su propia vida. Hubo muchos que no entendieron este sacrificio, entre ellos un poeta tan admirable como Rubén Darío. Todavía hay quienes no comprenden ese sacrificio, y hubieran preferido que Martí siguiera aportando su genio político para la obra emancipadora. Pero aquel hombre de intuición maravillosa sabía que el ejemplo en el cumplimiento del deber era su mejor aporte, su legado más fecundo para que floreciera la semilla de la Libertad.

Retrato de José Martí (1891) hecho por el pintor sueco Herman Norrman en Nueva York

COMO VIO JOSÉ MARTÍ A LOS ESTADOS UNIDOS

José Martí, con su intuición aguda de poeta y su visión penetrante de periodista, escribió numerosas crónicas sobre los Estados Unidos de fines del siglo pasado. A lo largo de sus quince años de residencia en Nueva York, desde 1880 hasta que se fue a Cuba a pelear y morir por la libertad, como creía que era su deber y su misión histórica, Martí redactó centenares de artículos y algunos ensayos, que forman cinco volúmenes de sus obras completas.

Esas crónicas, enviadas desde Nueva York, se publicaron en algunos de los principales periódicos de la América Latina, como «La Nación», de Buenos Aires, «La Opinión Nacional», de Caracas; y el «Partido Liberal», de México. También en diversas revistas publicadas en español, tanto latinoamericanas como de los Estados Unidos.

Martí divulgó los valores de la cultura iberoamericana en los Estados Unidos, y al mismo tiempo escribió numerosos artículos para poner al lector latinoamericano al corriente de la vida y de los grandes progresos en la nación norteamericana.

Tales crónicas de José Martí, leídas aún ahora, parecen tener una actualidad viva y permanente: se aprende en ellas a conocer muchos de los grandes problemas y de los personajes de la sociedad norteamericana de fines de la centuria anterior, y a admirar el talento periodístico de uno de los escritores más representativos del español moderno.

José Martí no deja pasar nada de interés para el lector ni de describirlo con gracia poética y con una prosa de matices rutilantes. Lo que cuenta Martí es real, pero parece novelesco, por el arte, el color, la emoción que pone en sus crónicas. «Lo pintoresco aligerará lo grave, y lo literario alegrará lo político», dice

63

en carta a Bartolomé Mitre, director entonces de La Nación, de Buenos Aires, al iniciar sus colaboraciones con ese diario.

El escritor cubano, desde su atalaya de Nueva York, está al tanto de la política y de los acontecimientos que se destacan en todos los aspectos de la vida nacional. Un día, las crónicas hablan del atentado contra el presidente Garfield y del proceso contra el asesino; otro día se refieren a la inauguración del puente de Brooklyn, del cual hace una vívida y detallada descripción. Dice Martí: «Ya no se abren fosos hondos en torno de almenadas fortalezas, sino se abrazan con brazos de acero, las ciudades: los puentes son las fortalezas del mundo moderno».

Si comienza la primavera, José Martí no deja de anotarlo con euforia: «las mañanas parecen arpas; se llenan de oro las arcas del alma —¡es primavera! Sonríen los infelices, los ancianos se yerguen, y los niños triscan».

Otra vez, el periodista va de visita a Coney Island y escribe entonces: «En los fastos humanos, nada iguala a la prosperidad maravillosa de los Estados Unidos del Norte. Hoy por hoy, es lo cierto que nunca muchedumbre más feliz, más jocunda, más bien equipada, más compacta, más jovial y frenética, ha vivido en tan útil labor en pueblo alguno de la Tierra...»

Martí expone después que lo que asombra allí es «la naturalidad en lo maravilloso. ¡Qué ir y venir! ¡Qué correr del dinero! ¡Qué facilidades para todo goce, qué absoluta ausencia de tristeza o pobreza visibles!»

En otra crónica neoyorquina, Martí va de recorrido por el Parque Central y se detiene a contemplar la inteligencia de las aves. El artículo remeda un cuadro impresionista, y nos parece estar viendo, efectivamente, como hacen su nido una pareja de oropéndolas.

Con los temas amables van entreverados los graves. Se detiene también José Martí a relatar las grandes huelgas en los Estados Unidos, los motines obreros en favor de la jornada de ocho horas de trabajo, el proceso contra los anarquistas de Chicago. Al referirse a la revolución de los trabajadores, comenta Martí: «Las prácticas de la libertad ¿habrán enseñado a los hombres a mejorar sus destinos sin violencia? Parece que sí; parece que el ejercicio de sí mismos, acá donde es perfecto, ha enseñado a los hombres la manera de rehacer el mundo, sin amenazarlo con su sangre... Dos cosas hay que son gloriosas: El Sol en el cielo y la libertad en la Tierra».

Los accidentes de la naturaleza, como el terremoto de Charleston, las inundaciones del Missisipi y del Ohio, o la tremenda tormenta que hundió a Nueva York bajo la nieve el 13 de marzo de 1888, son acontecimientos que relata Martí con su prosa de ricos matices.

En estas Escenas Norteamericanas no podía faltar la inauguración de un presidente. Así Martí describe la de Grover Cleveland, en marzo de 1885, con los detalles de la ceremonia en el Capitolio, el alborozo popular, el magistral discurso de inauguración en que convocaba a la unidad nacional y en que «cada palabra iba cargada de sentido y caía sobre las heridas como un bálsamo, sobre los errores como una reprimenda discreta y cariñosa, sobre los buenos como una iluminación».

Un año más tarde, Martí tiene ocasión de contar a los lectores de la América Latina cómo fueron las bodas de Cleveland, es decir, el primer matrimonio de un presidente en la Casa Blanca. «Esta ha sido una semana de flores», dice el cronista. Y añade, concretando los detalles «En el aposento azul fue la boda. Todo es de azul celeste, muebles y paredes... Ya vienen los dos novios hacia el aposento azul, donde aguardan con ruido de abejas, los sacerdotes e invitados... Ya bajan los novios, vestidos de viaje, y salen a tomar el coche que debe llevarlos al tren, a la casa pacífica, al ruido de los pájaros y de las hojas del bosque».

Emerson, Whitman, Longfellow

También escribió Martí crónicas sobre personajes famosos de los Estados Unidos en aquella época, que se destacaron tanto en el aspecto literario como político.

La crónica sobre Emerson, escrita al ocurrir la muerte del pensador y poeta norteamericano en 1882, es una de las más inspiradas y revela profunda identificación de Martí con las ideas del sabio de Concord.

¿Que quién fue ese que ha muerto?, se pregunta Martí. «Pues lo sabe toda la Tierra. Fue un hombre que vivió faz a faz con la naturaleza, como si toda la Tierra fuese su hogar, y el Sol su propio sol, y él un patriarca».

Al hacer una semblanza de Emerson, dice Martí que «el rostro era enjuto, cual de hombre hecho a abstraerse y a ansiar salir de sí. Ladera de montaña parecía su frente. Su nariz era como la de las aves que vuelan por cumbres. Y sus ojos cautivadores, como de aquel que ha visto lo que no se ve».

Analiza también psicológicamente al pensador norteamericano,

65

para llegar a la conclusión de que «de él, como de un astro surgía la luz. En él fue enteramente digno el ser humano».

Al explicar las ideas de Emerson, afirma que «quiso penetrar en el misterio de la vida, quiso descubrir las leyes de la existencia del universo». Emerson ve a Dios, o al Espíritu Creador, en todo lo que existe: «Cada cosa creada tiene algo del Creador en sí, y todo irá a dar, al cabo, en el seno del Espíritu Creador».

Para el filósofo de Concord hay una especie de unidad cósmica, según explica José Martí. Hasta observamos en los hechos de la naturaleza cierto aspecto moral: «Los astros son mensajeros de hermosuras. El bosque alegra, como una buena acción. La naturaleza inspira, cura, consuela, fortalece y prepara para la virtud del hombre».

Y refiriéndose a los versos de Emerson, afirma el escritor cubano que «son como arroyuelos de piedras preciosas, o jirones de nube, o trozo de rayo».

Otra de las interesantes crónicas de José Martí, desde el punto de vista literario, es la que escribió sobre el poeta Walt Whitman, en 1887, publicada en periódicos de México y Buenos Aires.

En aquella época, Whitman era casi desconocido en la América Latina, y aun en los Estados Unidos estaba prohibido su libro «Hojas de Yerba», que llegaría a ser clásico dentro de la literatura norteamericana y del mundo.

Consigna Martí que hay que estudiar a Whitman, «porque si no es el poeta de mejor gusto, es el más intrépido, abarcador y desembarazado de su tiempo».

A propósito de Whitman, dice Martí que «la poesía es más necesaria a los pueblos que la industria misma, pues ésta les proporciona el modo de subsistir, mientras que aquella les da el deseo y la fuerza de la vida».

Para Martí, Whitman es el gran intérprete poético del pueblo norteamericano, «este pueblo trabajador y satisfecho» que cree en la libertad como en una religión. Refiriéndose a su estilo poético, dice que «su ritmo está en las estrofas, ligadas en medio de aquel caos aparente de frases superpuestas y convulsas, por una sabia composición que distribuye en grandes grupos musicales las ideas». Luego añade que Whitman trata de «reflejar en palabras el ruido de las muchedumbres que se asientan, de las ciudades que trabajan y de los mares domados y de los ríos esclavos».

Otras figuras literarias de los Estados Unidos de fines del pasado siglo, como Longfellow, Bronson Alcott, Louisa May Alcott, Whittier y Nathaniel Hawthorne, desfilan también por las crónicas de Martí y viajan así hasta el corazón del público latinoamericano.

66

Hablando de Longfellow, dice el escritor cubano: «Él anduvo sereno, propagando paz, señalando belleza, que es modo de apaciguar, mirando ansiosamente el aire vago, puestos los ojos en las altas nubes y en los montes altos... Parecía un hombre que había domado un águila». Y luego añade: «Son sus versos como urnas sonoras, y como estatuas griegas».

Militares y Políticos

Pero no se limitó Martí, ni hubiera podido limitar su interés, a los personajes literarios. También escribió crónicas sagaces sobre figuras militares, como los generales Grant y Sheridan, héroes de los estados del Norte durante la guerra civil, y sobre personajes políticos como Hendrick, Tilden y Garfield, entre otros.

El trabajo que dedicó al general Ulysses Grant es el más amplio y completo. No sólo es un estudio de la personalidad del gallardo militar, que llegó a ser presidente de su país, sino también una breve historia de la guerra de Secesión y de los Estados Unidos de aquella época. Martí saca, como conclusión de su estudio, que «sólo los pueblos pequeños perpetúan las guerras civiles... Los bravos olvidan, y vuelven, enriquecidos con la grandeza propia y la de sus adversarios, a los quehaceres libres que mantienen en toda su fuerza y majestad al hombre».

Y en una de esas crónicas hace también una afirmación que constituye una síntesis de su concepto de la vida y de su pensamiento político: «La libertad es la esencia de la vida. Sólo la libertad trae consigo la paz y la riqueza».

Actitud Crítica

Martí adopta hacia los Estados Unidos una actitud crítica. Elogia el ambiente de libertad que se respira. «Por fin estoy en un país donde cada uno parece ser dueño de sí mismo», dice con admiración. Y añade en otra oportunidad: «Estados Unidos es la casa más amplia que se ha sabido labrar el decoro humano».

Pero al mismo tiempo, Martí observa con preocupación algunos aspectos de crudo materialismo de la vida norteamericana, como en este comentario: «En este pueblo revuelto, suntuoso y enorme, la vida no es más que la conquista de la fortuna: ésta es la enfermedad de su grandeza...» Y en otra ocasión dice: «¿Qué espíritu prevalecerá en la civilización norteamericana: el puritánico, que representa la afirmación más sensata y trascendental de los derechos humanos, o el espíritu cartaginés de conquista y ganancias sórdidas?

Y esta misma preocupación le asalta al escribir un artículo sobre Washington, y la Constitución, en 1889, con motivo del centenario de la toma de posesión del primer presidente de los Estados Unidos.

Señala Martí como, gracias a Washington, pudo salvarse el proyecto de Constitución y unificarse la naciente república. «El único que podía ser tirano —dice Martí— rogaba, casi con lágrimas, que la nación se pusiera en condiciones de no ser presa de tirano alguno».

Y apunta entonces Martí el peligro del excesivo materialismo en la vida norteamericana, citando palabras del obispo que ofició durante las ceremonias del centenario. «¡Temed, dijo el obispo, que de tanto adorar la riqueza y de comerciar con la política, seamos de aquí a un siglo un pueblo de gusanos!»

Traducciones

El encanto periodístico de estas crónicas de Martí cautivó a muchos lectores. Cuando el famoso argentino Domingo F. Sarmiento leyó los artículos de Martí en «La Nación», recomendó que se tradujeran en seguida al francés, porque en su opinión, nada había comparable en idioma español, a esas crónicas, ni tampoco en francés después de Víctor Hugo.

Una traducción al inglés de esos artículos fue publicada por la editorial Noonday Press, de Nueva York, en 1953, con el título de «The América of José Martí». La traducción de los artículos fue obra de Juan de Onís, y el libro contiene un valioso estudio preliminar del desaparecido profesor Federico de Onís.

Posteriormente, en 1966, la editorial de la universidad Southern Illinois publicó «Martí on the U.S.A.», que contiene una serie de los ensayos y artículos de José Martí sobre la nación norteamericana, seleccionados y traducidos por el profesor cubano Luis A. Baralt, con un prólogo de J. Cary Davis.

También algunos de los escritos de Martí han sido traducidos al francés, el ruso y el portugués.

Con razón pudo decir Rubén Darío, al conocer la muerte de Martí, que dos veces había aparecido el genio en la América Latina: una vez con el argentino Domingo F. Sarmiento, y otra con el escritor cubano. Habría que añadir que con Rubén se enriqueció en América esa familia breve pero maravillosa de los grandes creadores de la literatura y de las ideas.

Ralph Waldo Emerson

Henry David Thoreau

EL TRANSCENDENTALISMO: EMERSON Y THOREAU

En la ciudad de Boston, donde surgieron los primeros episodios que condujeron a la revolución de independencia de los Estados Unidos, se celebró el 19 de septiembre de 1836, en la casa de George Ripley, la reunión inicial del que habría de denominarse Club Transcendental. Esta reunión iba a tener una significación revolucionaria, pues daría impulso a un movimiento de independencia intelectual que habría de ejercer profunda influencia en el pensamiento y la literatura de su época.

A las reuniones del Club Transcendental, que también era conocido por los nombres de *The Symposium* y *The Hedge Club*, asistían entre otros Ralph Waldo Emerson, Henry David Thoreau, Bronson Alcott, Nathaniel Hawthorne, que llegarían a ser figuras notables en las letras norteamericanas. Durante unos siete u ocho años, los miembros del Club se siguieron reuniendo ocasionalmente, la mayor parte de las veces en casa de Emerson. Entre las tareas principales de los transcendentalistas, estuvo la publicación de la revista literaria *The Dial* (1840-44), dirigida primero por Margaret Fuller y después por el propio Emerson.

El transcendentalismo era un movimiento ideológico que se inspiraba en filósofos europeos, como Kant, y escritores de tendencia romántica, como Goethe y Carlyle. Tanto en lo literario como en lo filosófico, el transcendentalismo llegó a calar muy hondo dentro de la joven sociedad norteamericana, y sobre todo, en la pléyade intelectual que tenía su centro de operaciones en Boston.

Emerson fue el principal expositor de los principios del transcendentalismo, que entre otras cosas, significaba una afirmación del sentido espiritual de la vida humana, y del desarrollo de las aptitudes creadoras.

Emerson proponía elevar al hombre a sus máximas posibilidades de realización espiritual. «Lo único de valor en el mundo es el alma activa», decía el sabio de Concord, quien añadía: «Nada puede traernos paz sino nosotros mismos. Nada puede traernos paz, sino el triunfo de los principios».

Considerando Emerson que hay en el hombre una esencia divina, recomendaba una actitud de fe profunda en sí mismo, pues esa fe, según él, es la certidumbre de que Dios habla intuitivamente dentro de nuestro espíritu.

Otro aspecto básico de sus ideas es la importancia de la naturaleza como fuente de conocimiento y de disfrute espiritual. «No sólo el sol o el verano, sino que cada hora y temporada rinden su tributo de deleite... La naturaleza siempre ostenta los colores del espíritu», escribió Emerson.

Quizá el documento que mejor expresó las nuevas ideas o al menos el que más influyó en la conciencia ideológica del pueblo norteamericano, fue el discurso académico que Emerson pronunciara en la universidad de Harvard, el 31 de agosto de 1837, que se conoce con el nombre de *The American Scholar*.

Según Oliver Wendell Holmes, «esta gran oración fue nuestra Declaración de Independencia intelectual», y para Lowell, fue «un acontecimiento sin paralelo en nuestros anales literarios».

En esa oración y en diversas conferencias pronunciadas por Emerson, como *Self-Reliance* y otras que luego formaron parte de su libro *Essays*, definió los conceptos fundamentales del transcendentalismo, con su énfasis en los valores espirituales y la dignidad del individuo como base sustentadora de la sociedad.

«Ten confianza en ti mismo. Acepta el lugar que la divina Providencia ha encontrado para ti... Un hombre se siente feliz cuando ha puesto su corazón en su trabajo y ha hecho lo mejor...»

Estas palabras, contenidas en *Self-Reliance*, ofrecían la base de una actitud ante la vida que ha sido característica del pueblo norteamericano. Un sentido de idealismo y de fe en la capacidad del trabajo y del esfuerzo para redimir al hombre y producir una sociedad mejor.

El idealismo de Emerson, con su base profundamente religiosa y su confianza en la capacidad de mejoramiento espiritual del hombre, iba a influir hondamente no sólo entre los escritores e intelectuales de la Nueva Inglaterra, que tuvieron al sabio de Concord como maestro e inspirador, sino en todo el tejido espiritual de una sociedad que, alcanzada su independencia política, buscaba los principios y medios de fortalecer las instituciones democráticas, y de establecer un estilo nuevo de vida.

Se ha dicho que Emerson fue peculiarmente americano. «Ningún otro país pudiera haberlo producido, según expone

72

W. C. Brownell. Sin duda, Emerson traslada al pueblo norteamericano, con un énfasis propio, los principios del idealismo moderno, expuestos en Europa en una forma teórica, pero pocas veces aplicados en la práctica.

La gran influencia ejercida por Emerson se debió no sólo a la penetración y agudeza de sus conceptos filosóficos y morales, sino también a su destreza literaria. «Sólo Melville y Whitman, entre sus contemporáneos, tuvieron una maestría lingüística comparable», ha dicho el profesor Newton Arvin en un ensayo crítico.

El ensayo fue el género literario preferido por Emerson para exponer sus ideas, al permitirle una amplia libertad para escudriñar en los temas en busca de la verdad. Pero cultivó también la poesía, como una manera de expresar sus emociones. Predicador religioso en su juventud, adquirió una especial habilidad para comunicarse por medio de la palabra hablada. Era un disertante que producía gran impresión en el público. La mayor parte de sus ensayos sirvieron originariamente como temas de conferencias. Disertó con frecuencia, no sólo en las ciudades de Nueva Inglaterra, sino también en el centro y el oeste de los Estados Unidos.

Con los años, Emerson fue adquiriendo una serenidad cada vez mayor. Vivía muy cerca de la naturaleza, en su casa de Concord, Massachusetts, y esta comunión con lo natural le dio un sentido de la armonía del mundo, y le sirvió de inspiración para algunos de sus conceptos filosóficos y religiosos.

Al morir Emerson en 1882, un cubano residente entonces en Nueva York, José Martí, escribió un artículo publicado en diversos periódicos del hemisferio, en el cual afirmaba que Emerson vivió viendo lo invisible y revelándolo. «Habló un lenguaje propio... Ni alquiló su mente, ni su lengua, ni su conciencia. De él, como de un astro, surgía luz. En él fue enteramente digno el ser humano».

Años antes, otro destacado escritor y líder de la América hispana, el argentino Domingo F. Sarmiento, tuvo oportunidad de visitar a Emerson, y aquella entrevista dejó en él una profunda huella espiritual.

En el siglo actual, el pensador cubano Enrique José Varona y el filósofo argentino José Ingenieros, entre otros, han escrito ensayos interpretando las ideas del sabio de Concord.

Henry David Thoreau fue otro agudo expositor de los principios del transcendentalismo. Su figura emerge señera en las letras de América. Pertenece en cierto modo tanto al pasado como al futuro, pues pocos autores del siglo XIX —nació en julio de 1817 en

Concord, Massachusetts, y murió 44 años después— disfrutan actualmente de su extraordinaria popularidad.

Y se explica. En un mundo cada vez más complejo y mecanizado, las ideas de Thoreau tienen la frescura y el encanto de una mañana primaveral. Thoreau nos invita a volver a la naturaleza, a la vida sencilla e inocente, a un mundo de auroras luminosas y henchidas de expectación.

«Cada mañana —decía Thoreau— es una alegre invitación a hacer mi vida de igual sencillez e inocencia que la naturaleza». Y añadía: «A medida que simplifiquemos nuestras vidas las leyes del universo serán menos complejas».

Después de las experiencias de nuestra sociedad industrial, y de la vida en ciudades llenas de prisas, ruidos y contaminación, las gentes parecen entender mejor, hoy, a Henry David Thoreau.

Él quería arrancarle a la naturaleza el secreto de una vida más plena. Por eso se fue a vivir junto al lago Walden, en medio de un bosque, donde construyó una modesta cabaña. Allí en diaria contemplación de la naturaleza, dejaba vagar libremente su imaginación, y escribió las páginas memorables de *Walden, or Life in the Woods*. El libro, recibido, como mera curiosidad al principio, llegó a alcanzar fama internacional, habiendo sido traducido a numerosos idiomas.

Fue un cuatro de julio de 1845, cuando Thoreau se trasladó a la cabaña de Walden, en las cercanías de Concord. Era como si hubiese firmado en aquel día histórico una declaración de independencia intelectual.

En efecto, su sentido de independencia era irreductible, llegando a un individualismo que podría considerarse en cierto modo antisocial. Hubo de predicar, en un ensayo famoso, la desobediencia civil como método de lucha frente a leyes e instituciones injustas. Y aceptó gustoso pasar un día en la cárcel, por negarse a pagar un impuesto, en protesta contra la esclavitud.

En la armonía de la naturaleza y en su revivir constante encontramos una fuente de elevación y transcendencia espiritual, tal es la lección que parece desprenderse de las páginas de *Walden*.

Pero no basta con la mera contemplación pasiva de la naturaleza. Elevar la vida por medio de la conciencia moral, tal es la tarea básica del hombre, según Thoreau. En *Walden* nos enseña que, para hallarse vivo, el hombre debe estar bien despierto, no sólo desde un punto de vista físico, sino también intelectual y ético.

«Sólo el día amanece para los que están despiertos. El día se extiende más allá del alba. El sol no es sino una estrella de la mañana», escribe Thoreau.

Aquí aparece ya claramente como un profeta del transcendentalismo, la filosofía enseñada por su amigo y maestro Ralph Waldo Emerson. Advierte Thoreau que hay algo divino en el hombre, que consiste en una esencia espiritual capaz de elevarse por encima de la realidad física.

Ese sentido espiritual y creador de la vida, que trasciende la realidad física, es el que podemos percibir, según Thoreau, por medio de «una infinita expectación del amanecer, que no nos abandona en nuestro sueño más profundo».

Además de *Walden*, un libro ya clásico y cuya popularidad alcanza hasta nuestros días, merecen especial mención muchas de las páginas del *Diario* escrito por Thoreau, que es tenido en alta estima por los críticos literatos. Alfred Kazin, en un artículo publicado en *The New York Times*, afirma que «no hay ninguna otra obra en la literatura norteamericana, quizá ningún otro diario de un escritor que sea como éste».

Explica Kazin que no es una confesión íntima, al estilo de Baudelaire, ni un conjunto de notas para futuros ensayos, como en el caso de Emerson, sino «un trabajo altamente estilizado e infinitamente elaborado sobre el tema de la solitaria comunión del hombre con la divinidad del mundo».

En 1960 Thoreau fue escogido para figurar en la Galería de Hombres Famosos de los Estados Unidos. Allí está su busto en bronce, al lado de los de Emerson, Hawthorne, Whitman, Washington Irving y otros notables escritores norteamericanos.

Pero la grandeza literaria de Thoreau no está perpetuada tan sólo en bronce, sino también en el corazón de muchos miles de lectores, que encuentran aún en *Walden* y en las páginas de su *Diario*, una fuente de inspiración para una vida más sencilla y espiritual. Su obra ha influido en otros conspicuos escritores, como Tolstoi, y en luchadores por la libertad, como Gandhi.

TOCQUEVILLE Y LA DEMOCRACIA

¿Cuál es el significado esencial de la democracia? ¿Qué papel juegan las mayorías en el desarrollo del sistema? ¿Existe un equilibrio justo entre la libertad y la igualdad? ¿Es fuerte o débil el Poder Ejecutivo en el sistema político de los Estados Unidos?

Estas y otras preguntas, que son de palpitante actualidad histórica se las formuló hace un siglo y medio un joven francés que vino a los Estados Unidos a realizar estudios sobre el régimen penitenciario, pero que decidió después extender sus investigaciones durante los nueve meses que permaneció en el país (mayo de 1831 a febrero de 1832).

Todavía en aquellos años podían oírse los ecos gloriosos que resonaron al proclamarse en 1776 la independencia. Todavía estaban bien cercanos los recuerdos de la gesta heroica y de los inolvidables patriotas, como Washington, Jefferson y Franklin, que convirtieron a las trece colonias en una república independiente y eminentemente democrática.

No se le ocultaba al joven francés que medio siglo —habían transcurrido 55 años desde la declaración de Filadelfia— es un lapso muy corto para juzgar las instituciones políticas de un pueblo. Pero sentía viva curiosidad por dar a conocer a Europa que algo diferente estaba ocurriendo en América, algo radicalmente nuevo en la historia del mundo moderno, algo que debía examinarse con empeño y que quizá pudiera servir de experiencia y lección.

Aquel joven curioso y observador se llamaba Alexis de Tocqueville, y realizó su viaje a los Estados Unidos acompañado de Gustave de Beaumont. Ambos eran aristócratas y magistrados. Venían a estudiar las prisiones, y se enamoraron de las instituciones políticas. Era ésta, en efecto, una pesquisa más trascendente y de más profunda significación.

Tocqueville confesó después que

en América... trató de buscar la imagen misma de la democracia, con sus inclinaciones, su carácter, sus prejuicios y sus pasiones, para aprender lo que debemos temer o esperar de su progreso.

Los dos jóvenes hicieron un largo recorrido por los Estados Unidos. Después de permanecer en Nueva York varios meses, viajaron por los estados de Nueva Inglaterra. Llegaron por el norte hasta Quebec, en Canadá, y por el sur hasta Nueva Orleáns. Como nuevos exploradores, se asomaron también a los territorios limítrofes del oeste de los Estados Unidos. Ambos dieron una versión de estas excursiones en artículos titulados «A Fortnight in the Wilderness», (Una quincena en el desierto) y «A Journey to Oneida Lake» (Una excursión al lago Oneida).

Al regresar a Francia, Alexis de Tocqueville se vio perseguido por una especie de obsesión, la de escribir un libro sobre el resultado de sus observaciones en América. Varios años dedicó a esa empresa. Al fin aparecieron en 1835, en francés, los dos volúmenes titulados *De la démocratie en Amérique*, publicados por Charles Gosselin, París.

Allí el joven autor hizo un análisis de la democracia norteamericana que sorprendió por su profundidad y perspicacia, y que todavía mantiene, después de siglo y medio, una impresionante validez.

Conviene señalar que Tocqueville y Beaumont visitaron los Estados Unidos en momentos en que alcanzaba su gran esplendor la llamada democracia jacksoniana, caracterizada por su tónica eminentemente popular. El séptimo presidente de los Estados Unidos, Andrew Jackson, gobernó desde 1829 hasta 1837, durante dos períodos, e hizo todo lo posible por convertir en realidad la teoría de una democracia para todos. El llamado hombre común pasó a ocupar un primer plano, dando a la democracia norteamericana un carácter más revolucionario y radical, en que parecía desplazarse toda influencia aristocrática.

Consigna Tocquenville en su libro que lo que más le impresionó en los Estados Unidos fue «la igualdad general de condiciones entre las personas». Esa igualdad de condiciones da al espíritu público cierta dirección, determinado giro a las leyes; a los gobernantes máximas nuevas, y costumbres particulares a los gobernados.

Esta igualdad conduce también a la soberanía absoluta del pueblo. Escribe Tocqueville que

> el pueblo reina en el sistema político norteamericano como Dios en el Universo, [y añade] así está reconocido por la costumbre y proclamado por las leyes.

Ese concepto amplio de la soberanía del pueblo comienza en las comunidades locales y llega hasta altas esferas del gobierno federal. Consigna Tocqueville que

> si hay algún país en el mundo en el que se pueda apreciar en su justo valor el dogma de la soberanía del pueblo, estudiarlo en su aplicación a los negocios públicos y juzgar sus ventajas y sus peligros, ese país es sin duda Norteamérica.

Sin embargo, al mismo tiempo que Tocqueville ve en la voluntad de la mayoría el origen de todos los poderes del Estado, apunta el peligro de que el concepto de la soberanía popular, ejercido en una forma dogmática y sin frenos adecuados, pudiera conducir a lo que él denomina «la tiranía de la mayoría». Aclara después su pensamiento cuando dice que

> existe una ley general que ha sido hecha o por lo menos adoptada, no sólo por la mayoría de tal o cual pueblo, sino por la mayoría de todos los hombres. Esa ley es la justicia.

Según Tocqueville,

> el poder ilimitado es en sí mismo malo y peligroso. Los seres humanos no son competentes para ejercerlo con discreción.

Por eso considera necesario establecer un equilibrio entre la igualdad —condición social de las mayorías— con la libertad —derecho individual—, para llegar a alcanzar, de acuerdo con Platón, el objetivo fundamental del Estado: la realización de la Justicia.

El poder omnipotente de las mayorías en los Estados Unidos está moderado por una serie de factores sociales e institucionales que Tocqueville menciona en uno de los capítulos de su libro. Entre ellos, la descentralización administrativa, el respeto al derecho, el juicio por jurado, la independencia de la prensa.

Para Tocqueville «la prensa es el principal instrumento democrático de la libertad». En la época en que Tocqueville visitó los Estados Unidos era cosa fácil fundar un periódico, y había infinidad de ellos. Muchos periódicos independientes permitían la expresión de todas las ideas, sin que ninguno pudiera monopolizar la opinión pública. Según Tocqueville,

en los Estados Unidos, cada periódico tiene individualmente poco poder; pero la prensa periódica es todavía, después del pueblo, la primera potencia.

En su análisis de los poderes del Estado, Tocqueville creyó observar cierta preeminencia del Congreso, en contraste con la debilidad del Ejecutivo. Atribuyó esto último a que, en aquella época, la política exterior de los Estados Unidos no tenía gran importancia. Con perspicacia señaló el autor francés que

es precisamente en sus relaciones exteriores en que el poder ejecutivo de cualquier nación tiene la oportunidad de ejercer su capacidad y su fuerza.

Como previó Tocqueville, a medida que las relaciones exteriores de los Estados Unidos fueron alcanzando mayor trascendencia, también aumentaron los poderes del Ejecutivo, llevando a veces a luchas y conflictos con el Congreso. Así ha sido el caso de presidentes como Lincoln, Wilson, Roosevelt y otros. La delimitación de poderes entre el Ejecutivo y el Congreso constituye actualmente uno de los asuntos más debatidos de interpretación constitucional.

En la conclusión final del primer volumen de su famosa obra, Tocqueville hace hincapié en señalar un gran futuro a la nación norteamericana, por la extensión de sus riquezas y territorio, la unidad de su pueblo anglosajón, las instituciones democráticas. Y con un agudo sentido profético se refiere a la influencia internacional que han de tener los Estados Unidos y Rusia en el mundo futuro:

Hay en la actualidad dos grandes naciones, que partieron de diversos puntos, pero que parecen encaminarse al mismo fin. Me refiero a los rusos y los norteamericanos...

el norteamericano lucha contra los obstáculos que le opone la naturaleza; el ruso está en pugna con los hombres... Las conquistas del norteamericano se hacen con la reja del labrador, y las del ruso con la espada del soldado...

El uno tiene por principal medio de acción la libertad; el otro, la servidumbre... Sus cursos no son los mismos, pero ambos parecen llamados por la Providencia a sostener un día en sus manos los destinos de la mitad del mundo.

La honda mirada histórica del joven magistrado francés penetró con agudeza en un futuro del cual la separaba más de un siglo. No es usual una visión tan lejana y precisa en los tratadistas políticos, pero Alexis de Tocqueville, por su formación cultural y su fino sentido de observación, estaba especialmente preparado para esa tarea.

Después de hacer un análisis tan amplio y penetrante en los Estados Unidos, Alexis de Tocqueville creyó que era imprescindible completar el estudio con un examen de la sociedad civil. A ese empeño dedicó el segundo volumen de su obra. «El tema que he querido abrazar es inmenso», señala el magistrado de París. Sería imposible seguirlo en todas sus observaciones sobre la influencia de la sociedad democrática en las leyes y costumbres del pueblo norteamericano. Pero baste señalar que Tocqueville se detiene a observar cómo la igualdad moldea un carácter nuevo, que se destaca por su método pragmático, por el sentido dinámico de la vida, por el predominio del interés económico. En un mundo nuevo, surge también el carácter de un pueblo nuevo, con leyes y costumbres bien diferentes de las conocidas en Europa.

El libro de Alexis de Tocqueville, traducido a varios idiomas, adquirió pronto fama mundial. En 1835, casi coincidiendo con la edición francesa, apareció una edición en inglés, traducida por Henry Reeve, Londres. Al año siguiente, fue publicado el libro en español, traducido por A. Sánchez de Bustamante. En 1838, apareció la primera edición en los Estados Unidos, con un prefacio y notas por John C. Spencer, Nueva York. Fue traducido también y se han publicado ediciones en alemán, húngaro, italiano, ruso, servio y sueco.

El fondo de Cultura Económica, de México publicó en 1957 una magnífica edición en español, con notas y bibliografía de J, P. Mayer.

Entre los comentarios críticos sobre *La democracia en América* se destaca el del filósofo inglés John Stuart Mill, quien afirmó que «es el primer libro filosófico escrito sobre la democracia, tal como se manifiesta en la sociedad moderna». El autor francés Royer Collard comentó que «nada semejante se ha escrito desde Montesquieu».

Alexis de Tocqueville se convirtió así en un personaje desta-

81

cado entre los escritores francese del siglo pasado. Ilustres hombres de letras, como Lamartine y Chateaubriand, no se escondieron para expresar su admiración por la obra del divulgador e intérprete de la democracia en América.

Esa reputación se ha mantenido hasta nuestros días. *La democracia en América* ha alcanzado la categoría de un libro clásico sobre el carácter de las instituciones democráticas. Otros han escrito después en torno al mismo tema, pero la obra de Tocqueville conserva su valor interpretativo e histórico, como un aporte indispensable al estudio del derecho político moderno.

La influencia de esta obra clásica ha llegado a tener una proyección internacional, como apunta J. P. Mayer, a cuyo cargo ha estado la edición francesa de las obras de Tocqueville.

Consigna Mayer que «el pensamiento político de Tocqueville, alimentado por las tradiciones, la sabiduría y la intuición de grandes magistrados franceses como Bodin, Montesquieu y Malesherbes —con quienes tenía lazos familiares— penetró en el marco internacional de tres grandes países; su país natal, Francia; Inglaterra y los Estados Unidos. Esta penetración da a su filosofía política su amplitud y su corrección».

Por todo lo cual puede considerarse a Alexis de Tocqueville no sólo como un conspicuo observador e intérprete de las instituciones democráticas de los Estados Unidos sino también como un ideólogo de admirable lucidez y un profeta que podía avizorar el mundo del futuro con una precisión que parece casi un milagro. Los ríos de la historia le eran familiares como las aguas que se deslizan románticamente bajo los puentes de París.

HÉROES Y LÍDERES

¿Qué es el héroe? ¿Cuál será su participación en el mundo del átomo, las computadoras y el espacio? El concepto del héroe tiene una tradición que se remonta a varios siglos antes de Cristo. La mitología helénica, que consideraba al héroe como un extraño ser —menos que Dios, pero más que hombre— está llena de estos personajes que realizaron hazañas monumentales, moviéndose siempre en un terreno vago e impreciso entre lo humano y lo divino.

Esas figuras mitológicas llegaron a ser como símbolos de las virtudes supremas. Ningún mortal podría superar a Hércules, como arquetipo de la fuerza y del valor, ni a Minerva como expresión de la sabiduría, ni a Afrodita (Venus) y Apolo como exponentes de la belleza física. Esos héroes fueron y seguirán siendo metas legendarias que han servido de apoyo a nuestra cultura y nuestra imaginación.

Sin embargo, no navegaron siempre los griegos en los mares de la leyenda heroica, y fueron los fundadores, con Herodoto y Tucídides, de la historia basada en los hechos reales, y con un sentido ya más cerca de las limitaciones e imperfecciones humanas.

Así registraron las hazañas político-militares de héroes auténticos de la Antigüedad, como Alejandro, que logró establecer un imperio en toda una vasta zona de Europa y del Asia Menor. Los romanos nos dejaron también constancia de muchas de sus hazañas militares, y en especial de las conquistas y el talento político de Julio César.

La idea del héroe, al menos dentro de la concepción más tradicional, ha estado casi siempre asociada con las hazañas de la acción, con las empresas políticas y militares que han influido en el acontecer histórico. Pero es obvio que ha habido también héroes destacados en el campo de la religión, la ciencia, el pensamiento y el arte. Estos héroes espirituales, como los grandes santos del cristianismo y los científicos que han contribuido a crear un mundo mejor, actúan en una forma silenciosa y privada. No obstante, su influencia ha sido de esencial trascendencia para la humanidad.

Pudiera decirse que el concepto heroico de la Historia ha prevalecido en el mundo como la interpretación más común de los acontecimientos. En el siglo XIX, el historiador inglés Thomas Carlyle elevó ese concepto de lo heroico como base del acontecer de la humanidad a su grado más alto. Para Carlyle la Historia no podría concebirse sin la participación de los grandes hombres que han determinado el curso de los acontecimientos y han orientado el rumbo de la sociedad.*

En América, la idea del héroe ha sido inseparable de las luchas por la independencia y la libertad. Así consideramos como héroes genuinos a Bolívar, Washington, San Martín, Juárez y Martí. Sin embargo no se aplica a pensadores y escritores notables, como Bello, Sarmiento, Alberdi y Montalvo. El concepto de lo heroico parece circunscribirse en América a los titanes que conquistaron la independencia política y que sentaron las bases para la creación de repúblicas libres e independientes.

Por otra parte, a medida que el mundo evoluciona hacia una sociedad más democrática, el héroe tiende a difuminarse como un personaje innecesario y a veces hasta indeseable. Hay cierta incompatibilidad profunda entre el aspirante a héroe y la democracia, ya que el primero obra por intuición individual, con una ambición de concentrar en sí mismo todos los poderes sociales.

Del Héroe al Líder

La democracia moderna prefiere al líder, que actúa de acuerdo con la voluntad de la mayoría y las estructuras institucionales de gobierno. El líder busca y propone las soluciones que considera mejores. El mero aspirante a la hazaña militar y política prefiere proceder por su cuenta, apoyándose en minorías fanáticas, como en los casos bien conocidos de Hitler y Stalin.

Es así que las democracias tienen amplia justificación al exigir que el líder no sea un personaje jupiterino del Olimpo, sino un dirigente que actúe dentro de un sistema de opinión pública, consulta popular y división de poderes.

Un ejemplo de esta clase de líderes lo hemos tenido en Winston Churchill y Franklin D. Roosevelt, en los momentos de la crisis

---

* Véase su libro «The Heroe and the Cult of Heroes».

mundial más grave por la cual ha atravesado la humanidad en este siglo.

Roosevelt condujo al país en circunstancias complejas y difíciles, haciendo frente a los problemas de la crisis económica y de la guerra. Sin prescindir de las estructuras constitucionales del gobierno, Roosevelt adoptó medidas extraordinarias y puso en marcha su programa del «New Deal» para hacer posible la recuperación y el bienestar. En el aspecto internacional, movilizó al país para la guerra contra el totalitarismo en Europa y Asia. La mejor prueba de que su actuación se apoyó siempre en la opinión pública, está en que —por primera vez en la historia de los Estados Unidos— fue elegido cuatro veces sucesivas para ocupar la primera magistratura de la nación.

En cuanto a Churchill, no puede darse el caso de un líder más perspicaz y glorioso. Bajo los bombardeos y el peligro de una invasión, Churchill movilizó todos los recursos de su pueblo, para dar al mundo un gran ejemplo de disciplina, valor y amor a la libertad. Entre los líderes de este siglo, Churchill sobresale por sus extraordinarias condiciones de inteligencia y carácter, y por su visión aguda de los problemas internacionales.

Esto nos demuestra que el gran líder —no el fanático ni el conquistador militar— puede actuar dentro de los límites del espacio-tiempo histórico, y de las instituciones libres y democráticas. El líder tiene un amplio campo en qué desenvolverse, sin tener que recurrir a las prácticas del poder omnímodo y la tiranía.

Por otra parte, si bien el líder ha de actuar dentro de un marco de instituciones y de respeto a la soberanía popular, su misión es sin duda trascendente y muy necesaria, sobre todo en las complejas sociedades modernas. Hay ciertas doctrinas de determinismo social, sobre todo las de índole marxista, que sostienen que la Historia sigue un curso inexorable, movida por causas económicas e intereses clasicistas. En ese proceso, el líder tiene sólo una significación secundaria.

El examen de las distintas civilizaciones nos demuestra, por lo contrario, que los dirigentes de perspicacia y talento han ejercido una profunda influencia en los acontecimientos nacionales e internacionales, siempre que hayan actuado dentro del marco de la libertad, la cultura, el derecho y el respeto a las aspiraciones y necesidades humanas de su espacio-tiempo histórico.

II

HORIZONTE LITERARIO-CULTURAL

Andrés Bello (1781-1865)

ANDRÉS BELLO: EL CIVILIZADOR

Andrés Bello representa en la cultura iberoamericana una posición de equilibrio y de síntesis. No hay en él la exaltación que caracteriza a los más auténticos próceres de América. Toda su vida está marcada por ese signo de serenidad y aplomo que observamos en el retrato al óleo que se conserva en la Biblioteca Nacional de Caracas, atribuido al pintor francés Monvoisin.

Este retrato nos da la clave espiritual y física de Andrés Bello. Ojos que se abren con una infinita curiosidad de comprender, frente de ancha y luminosa presencia, boca de líneas sensuales, y esa clásica regularidad en sus facciones, como si una armonía interior lograda a fuerza de luchas profundas, se dibujase en todo el rostro del sabio. ¡Qué digna estampa de un hombre equilibrado, sensible, trabajador y fecundo como las tierras que le vieron nacer!

Raro caso el de Andrés Bello. Contemporáneo, amigo y maestro de Simón Bolívar, fue sin embargo, en lo personal, su viva antítesis. El uno gobernado por el fuego heroico, el otro por la inquietud intelectual. Eran luchadores de diferente temple, pero con un mismo objetivo: la libertad del hombre americano. Bolívar quiso hallarla entre el trueno y el relámpago de las batallas. Andrés Bello fue a su encuentro mediante una tarea tenaz de superación espiritual, mediante una obra esencialmente civilizadora.

Toda la vida de Andrés Bello, que se inicia en Caracas en el año de 1781, estuvo dedicada al estudio y meditación. Desde niño muestra una excepcional curiosidad de saber. Sus maestros asisten maravillados al despertar de tan precoz inteligencia. Con el gran humanista Fray Cristóbal de Quesada aprende latín y traduce a Virgilio. Estos alimentos literarios aprovechan al alumno y la sustancia clásica va a combinarse con el estudio de idiomas modernos, como el inglés y francés.

Cuando uno de sus maestros, el presbítero José Antonio Montenegro lo observa cierta vez leyendo entusiasmado una tragedia de Racine, dícele a manera de reprimenda: «Es mucha lástima, amigo mío, que usted haya aprendido francés». Este idioma era entonces el instrumento de difusión de las ideas revolucionarias y liberales. Muy temprano Andrés Bello tiene acceso a ellas y dejan en su espíritu una profunda huella.

A los dieciséis años, después de haber alcanzado premios y renombre por sus conocimientos, ingresa en la Universidad de Caracas, para estudiar casi todo el curriculum de la institución: filosofía, jurisprudencia y medicina.

Esto indica la enorme curiosidad cultural de Andrés Bello. Todo lo quería saber y aprender, como si se tratase de un hombre del Renacimiento. Obtuvo el grado en filosofía y cursó dos años de jurisprudencia, hasta que el nombramiento para un empleo en la Administración tronchó sus estudios. Pero no hay duda de que ya desde joven, y sin salir de Caracas, contaba con una vasta preparación en las más diversas cuestiones y especialmente en las literarias.

Por esta época, tuvo Andrés Bello la oportunidad de conocer a dos sabios europeos que ejercieron en el joven caraqueño gran influencia: Humboldt y Bonpland. Parece que Bello hubo de acompañarlos en algunas de sus excursiones geográficas y que les facilitó datos e informaciones. Se cuenta que subió con ellos hasta el monte Avila, pero que vencido por la fatiga, no pudo llegar hasta la cumbre. Lo cierto es que se fue forjando en el alma de Andrés Bello un acendrado amor a la naturaleza americana, a la que habría de cantar después con versos de tersa emoción.

No le faltaron al joven estudioso, a pesar de su timidez y de su retraimiento, episodios sentimentales. Bello fue siempre muy discreto en estas cuestiones, pero tenemos la evidencia en algunos de sus versos, como aquel dirigido a una rubia en cuyos brazos quería morir:

¡Felice yo si en este albergue muero,
y al exhalar mi aliento fugitivo,
sello en tus labios el adiós postrero!

Parece que los requiebros no fueron muy convincentes y que la dama se mostró esquiva con el poeta. En vez de la muerte romántica que ambicionaba, se encontró con que la vida estaba por delante y que había que llenarla de esfuerzos, luchas, derrotas y experiencias de toda índole. Liberó sus ansias mediante la poesía, que es la gran confidente de las cuitas del corazón.

92

Y cuando llegó la oportunidad, levó anclas en busca de nuevos horizontes y esperanzas. ¿Era ésta una fuga del corazón herido o simplemente el cumplimiento de una importante misión diplomática? Lo cierto es que junto con Simón Bolívar y Luis Lópes Méndez, Andrés Bello fue designado para hacer gestiones en Londres, en representación del régimen revolucionario de Caracas.

En Londres vivió desde 1810 hasta 1829 el joven venezolano. La embajada diplomática ante el gobierno de Su Majestad no dio todos los resultados apetecidos. Los patriotas caraqueños encontraron muchas dificultades, pues Inglaterra no quería enemistarse con España en momentos en que luchaban contra un adversario común: Napoleón. Pero algo lograron, con la ayuda prestada a Miranda y Bolívar para que regresasen a América a culminar la obra emancipadora.

En estas reuniones quedó patente cierta discrepancia formal entre Bolívar y Bello. Mantenían los dos los mismos principios y propósitos políticos, pero Bolívar utilizaba formas grandilocuentes y frases exaltadas, aun en los coloquios diplomáticos, mientras que Bello era más adicto al lenguaje sobrio de la discreción. Estas discrepancias quizá no llegaron nunca a exteriorizarse, pero dificultaron una amistad más íntima entre ambos personajes.

Fue una suerte que Andrés Bello se quedara en Londres. En realidad, no tenía temperamento revolucionario y poco hubiera podido hacer en su patria. En cambio, bajo la niebla y el frío, entre tristezas y recuerdos, lleva a cabo en la capital inglesa una gran tarea de estudio y meditación, que le prepara para la obra civilizadora que ha de realizar después como maestro de Chile y de América.

Su formación humanista de la juventud recibe ahora el impacto de un empirismo de corte sajón, inspirado principalmente en Locke. La influencia de estas ideas queda bien subrayada en una obra que Andrés Bello escribió después para fines didácticos: «Filosofía del Entendimiento», considerada por Menéndez y Pelayo como «la obra más importante que en su género posee la literatura americana». En este tratado Bello expone los principios de la Psicología y la Lógica, siguiendo casi siempre a los autores ingleses.

En el orden del pensamiento, Bello aglutina las influencias del iluminismo, que fue la base ideológica del movimiento liberal en América, con las corrientes experimentales y pragmáticas de los filósofos británicos. El resultado es un maduro juicio y un enfoque muy certero de los problemas de su tiempo.

Pero los años vividos en Londres le sirven a Bello, especialmente, para acumular materiales de investigación literaria. A la vez que da clases de español y trabaja en las legaciones de Chile y Colombia, Bello frecuenta las bibliotecas y reúne muy variados conocimientos, que le han de servir para la redacción de algunas de sus principales obras.

Por dos veces contrae matrimonio en Londres: primero con una inglesita nombrada Ana María Boyland, que muere muy joven y deja a Bello con dos hijos. Reincide después con otra inglesa nombrada Isabel Dunn, esta vez con más suerte. El matrimonio vive en paz y gracia de Dios, mientras aumenta la prole y se agudizan las dificultades económicas.

Adaptado a la vida en Inglaterra, no olvida Andrés Bello sin embargo a América. Está atento a todos los acontecimientos que se suceden en la patria lejana. Y se percata cada día más que su mejor aporte a la causa americana consiste en una tarea de difusión cultural y formación de conciencias.

Participa en empeños editoriales que sirven de vehículo de expresión a esos propósitos, como las revistas *El Censor Americano, Biblioteca Americana* y *El Repertorio Americano*, todas de corta vida, pero en las cuales Andrés Bello realiza una fecunda labor divulgadora y da a conocer algunos de sus trabajos de investigación.

Por esa época escribe su poesía de inspiración americana: su *Alocución a la Poesía* y su *Silva a la Agricultura de la Zona Tórrida*. Palpita en estos momentos un cálido entusiasmo por la naturaleza y la historia del mundo hallado por Colón.

Y al fin encuentra la oportunidad de regresar a América, cuando el gobierno de Chile, en 1829, le ofrece un cargo en el ministerio de Relaciones Exteriores, precisamente en instantes en que Bello pasaba por una angustiosa situación.

El traslado a Chile fue un gran acontecimiento en la vida de Bello. Encontró allí los estímulos y el ambiente requeridos para su gran magisterio cultural.

En Chile Andrés Bello desenvuelve una actividad constructiva tan intensa y eficaz, que le da la categoría de un civilizador por antonomasia. A recibir sus enseñanzas acude lo mejor de la juventud chilena. El saber de Bello es profundo y variado, pero sobre todo adquiere notoriedad en los estudios literarios y jurídicos...

En virtud de su influyente magisterio, se mejora en gran medida la enseñanza del idioma español. No sólo edita su famosa Gramática, que presenta el estudio de la lengua con un sentido lógico y renovador, sino que logra la creación, en el Instituto Nacional de Chile, de una cátedra para difundir los conocimientos gramaticales. Una de las preocupaciones centrales en la vida de Bello fue la de enseñar a los americanos a hablar con propiedad y corrección el idioma común, como medio de unificación cultural.

Su prestigio como educador hizo que se le diese la encomienda de organizar la Universidad de Chile, de la cual fue su primer rector. Bello puso en este empeño sus más nobles esfuerzos y su gran capacidad intelectual.

Su obra civilizadora encuentra a su vez un terreno propicio de acción en el campo del derecho. Alecciona Bello a la juventud chilena sobre las instituciones del derecho romano y el derecho de gentes, en tanto que asesora al gobierno de Chile en importantes proyectos jurídicos.

Colabora en la redacción del texto constitucional de 1883, que le da a la república chilena una base de firme estabilidad política. Pero su obra más notable es sin duda la redacción del Código Civil, trabajo sabio y acucioso, que ha servido de modelo en la legislación de varias repúblicas.

Toda esta tarea la realiza al propio tiempo que escribe para periódicos y publica numerosos libros, la mayor parte de ellos dedicados a la enseñanza.

La intensa prédica cultural de Andrés Bello despierta reacciones diversas y hasta da origen a vigorosas polémicas. Los emigrados argentinos, influidos por la actitud romántica, consideran que el purismo de Bello es un factor que frena el impulso revolucionario. Acusan al sabio de conservador y adicto a las formas establecidas. Bello se defiende magistralmente en el discurso con que hubo de inaugurar la Universidad de Chile.

Destaca en ese documento cómo es necesario mantener la unidad de la lengua, sin que ello impida el uso de neologismos cuando convengan a la naturaleza del idioma. En cuanto a las disputas entre clásicos y románticos, Andrés Bello no toma partido, aunque se le haya considerado siempre un clasicista. Cree beneficioso para la juventud el estudio de todas las literaturas y estilos de expresión. El mismo da el ejemplo, traduciendo del francés el poema de Víctor Hugo «La Oración por Todos», con lo que muestra su conocimiento de los autores románticos y en cierto modo, su identificación con ellos.

Andrés Bello llega a ser un maestro de Ibero América, cuyos libros y orientaciones contribuyen a la formación de la juventud. En Chile se le respeta como a un patriarca de la cultura. Su vejez se desliza gloriosa y serena, aunque fuertemente desgarrada en lo íntimo, por la muerte de varios de sus hijos.

Vive el insigne sabio hasta la edad de los ochenta y cuatro

años. Ha cumplido una gran jornada cultural. Por todas partes se le admira y se reconocen sus méritos. Puede irse con la conciencia tranquila de haber cumplido una misión ejemplar y trascendente, un alto magisterio americano.

El Poeta

Parece que, desde bien temprano, Andrés Bello se dejó tentar por las gracias de la poesía. Su biógrafo Amunétegui lo confirma cuando dice: «Desde muy joven fue en extremo aficionado a leer y componer versos».

Las primeras composiciones de Bello están inspiradas en temas sencillos y bucólicos; así el romance «Al Anauco», en que canta, con alusiones mitológicas, la vida tranquila y apacible que se desarrolla junto al río que le vio nacer. Es una poesía sentimental y de acento romántico, como la califica el escritor Fernando Paz Castillo, en el excelente ensayo que sirve de introducción al primer tomo de las obras completas de Bello.

Similar en gran medida, por su carácter ecológico y su forma métrica, es el poema dedicado «A un Samán», el gigantesco árbol venezolano, cuya copa, según el decir de Bello, desafía las tormentas. El poeta sueña con un mundo arcádico, en que a la vera del samán, los pastores cantan sus cuitas de amor, «sus suspiros y sus celosas querellas».

De esta época es también el soneto «Mi Deseo», en que el joven venezolano cifra su dicha en las delicias de un rincón campestre, acompañado de esa dama rubia que fue al parecer la musa de su juventud en Caracas.

Pero en realidad éstos no son sino balbuceos poéticos. Hay que esperar hasta las Silvas, para tener acceso a lo más acendrado de su producción. Las Silvas fueron concebidas como parte de un majestuoso poema dedicado a América. En «Alocución a la Poesía», —una de sus dos silvas— Bello proclama:

> «Tiempo es que dejes ya la culta Europa,
> que tu nativa rustiquez desama,
> y dirijas el vuelo a donde te abre
> el mundo de Colón su grande escena».

Todo el poema, en que fulgen las metáforas, es un alegato a favor de las excelencias del mundo americano, en lo físico y en lo histórico. Nunca nuestra naturaleza y nuestros héroes —«¿a dónde la vista se dirige que monumentos no halle de heroísmos?— habían sido exaltados con un lenguaje poético de tan bruñida calidad y maestría.

Más inspirada aún es la segunda de las silvas, «La Agricultura de la Zona Tórrida», en la cual Andrés Bello describe las bellezas y riquezas del trópico americano. Son versos de factura clásica, que recuerdan a Fray Luis de León, con cierta inclinación barroca en las metáforas:

> «Tú tejes al verano su guirnalda
> de granadas espigas; tú la uva
> das a la hirviente cuba;
> no de purpúrea fruta, o roja, o gualda,
> a tus florestas bellas
> falta matiz alguno, y bebe en ellas
> aromas mil el viento,
> y greyes van sin cuento
> paciendo tu verdura, desde el llano
> que tiene por lindero el horizonte,
> hasta el erguido monte
> de inaccesible nieve siempre cano».

Andrés Bello exalta la vida tranquila y creadora del campo, fuente del progreso y la paz. Concluidas las guerras de independencia, Bello advierte con sagacidad que las repúblicas americanas deben dedicar sus energías mayores al laboreo de la tierra, para fomentar una riqueza duradera y estable:

> Honrad el campo, honrad la simple vida
> del labrador, y su frugal llaneza.
> Así tendrán en vos perpetuamente
> la libertad morada,
> y freno la ambición y la ley templo.

Sabe Bello que el trabajo es la más firme garantía de la prosperidad de las naciones. Su «Silva a la Agricultura» es no sólo un modelo de poesía descriptiva, sino también un testimonio de certero enfoque social americano.

Singular dentro de la producción de Bello y por su valor poético es la traducción libre que realiza del poema de Víctor Hugo «La Oración por Todos». Se ha llegado a decir por autorizados críticos que es superior al original. Hay un temblor lírico que le da un encanto cadencioso y triste a este poema. Son versos de serenidad

97

crepuscular, en que el alma anhela percibir el admirable misterio de la Creación. El poeta siente una especie de solidaridad universal con todo lo que alienta y su oración se eleva como una rogativa de piedad:

Ve hija mía a rezar por mí, y al cielo
pocas palabras dirigir te baste:
«Piedad, Señor, al hombre que criaste;
eres Grandeza; eres Bondad; ¡perdón!»
Y Dios te oirá: que cual del ara santa
sube el humo a la cúpula eminente,
sube del pecho cálido, inocente,
al trono del eterno la oración.

Arquitecto del Idioma

En 1847 aparece la primera edición de la Gramática de Andrés Bello, destinada al uso de los americanos y publicada en Chile. Este libro marcaría nuevas pautas al estudio y enseñanza del idioma español. Ningún elogio mejor puede hacerse de esta obra de Bello que el consignado por Amado Alonso, con su reconocida autoridad filológica: «La Gramática de la Lengua castellana de Andrés Bello, escrita hace más de un siglo, sigue hoy mismo siendo la mejor gramática que tenemos de la lengua española».

Quiso Bello, con mucha discreción y modestia, que su Gramática fuese sólo para uso de los americanos. En realidad, la obra de Bello ha servido de fuente obligada a los estudiosos del idioma, tanto en América como en España. Muchas de las reformas autorizadas por la Real Academia Española se fundamentan en criterios sustentados por él. Y en gran medida se logró el propósito central que llevó a escribirla: «conservar la lengua de nuestros padres en su posible pureza, como un medio providencial de comunicación y un modelo de fraternidad entre las varias naciones de origen español».

Bello despojó a la Gramática española de su fardo latinizante y presentó un examen del idioma con la lógica y sencillez mayores. Sus teorías gramaticales están basadas en profundos estudios e investigaciones. Parece haber seguido, en la fundamentación filosófica de la obra, a los autores de la Gramática de Port Royal, según consigna Amado Alonso. Pero Bello no creía en principios generales absolutos. «Cada lengua —dice— tiene su teoría particular, su gramática. No debemos, pues, aplicar indistintamente a un idioma los principios, los términos, las analogías en que se resumen bien o mal las prácticas de otro».

De ahí que Bello se separe de los cánones latinistas, para buscar la propia naturaleza y genio de nuestra lengua.

Bello enfoca bajo nueva luz el estudio de las estructuras idiomáticas castellanas. En vez de encastillarse en clasificaciones rígidas, atiende más bien a los distintos oficios que la palabra realiza; revisa definiciones erróneas, como la del género; expone la teoría del verbo con magistral sagacidad; y da en fin a la gramática una sustentación experimental y científica. Con razón ha dicho otro escritor ilustre, el colombiano Marco Fidel Suárez, que es la Gramatica de Bello «la obra de filología más profunda y más original de las que se han escrito en las repúblicas hispanoamericanas».

Pero no se limitó Bello a mantener la unidad esencial del idioma, evitando su fragmentación dialectal, sino que fue un constante guardián del bien decir y un propulsor de su adelanto.

En la época en que vivió Bello, la ortografía española estaba sometida a un régimen anárquico. Cada autor mantenía su propio sistema y la Real Academia de la Lengua no había logrado aún imponer su autoridad.

En esas circunstancias, Bello propuso una reforma ortográfica que dando de lado a la etimología y al uso, se apoyaba básicamente en la fonética. Quería el ilustre sabio que se escribiera en la misma forma en que se habla, norma también preconizada por otros famosos gramáticos, como Quintiliano y Nebrija.

Bello propuso un sistema ortográfico que eliminaba la *h* muda, al igual que en italiano; que deslindaba los oficios de la *j* y la *g*, quedando la primera para el sonido gutural fuerte; que proscribía el uso de la *y* griega en todos los casos en que se emplea como vocal; que sustituía la *z* a la *c* suave y desterraba la *u* muda que acompaña a la *q*.

Estas innovaciones, inspiradas en el propósito de simplificar la escritura del idioma, fueron aceptadas por Chile y otros países de América, en tal forma que durante algún tiempo, se utilizó la ortografía de Bello en la prensa, libros de texto y documentos públicos y privados.

Sin embargo, las repúblicas americanas optaron en definitiva por seguir las reglas de la Academia, más apegadas a la tradición. Pero aun así, la influencia de Bello ha sido tan preponderante, que la propia Academia ha ido acogiendo algunas de sus reformas, que como las acordadas en 1952, están en gran medida dentro de las recomendaciones de Andrés Bello, al autorizar la supresión de vocablos inútiles, como la *p* delante de la *s* y la *m* delante de la *n*.

Puede considerarse a Bello como el más autorizado gramático moderno en lengua española, no sólo por su vasto saber, sino por el original enfoque de sus teorías y su clara percepción del genio del idioma.

Arquitecto de la Ley

Para Andrés Bello, la tarea de cimentar una libertad constructiva en América dependía de que se crease un orden justo y equilibrado de derecho. La ley era el verdadero instrumento del progreso colectivo. Desde su curul, en el Senado de Chile, colaboró en importantes proyectos legislativos. Y durante un cuarto de siglo laboró pacientemente en la redacción del Código Cicil chileno, su obra jurídica de mayor significación. Tuvo el Código una dimensión americana, pues sirvió de modelo a casi todos los legisladores del Hemisferio y fue puesto en vigor en varios países.

El Código Civil venía a superar un régimen de anarquía jurídica. Eran tantas y tan contradictorias las leyes que España dictó para sus colonias, que resultaba difícil saber cuál de ellas regía, máxime cuando los legisladores criollos también promulgaron abundantes pragmáticas. El resultado era un verdadero maremágnum.

Para hacer su trabajo de codificación, Bello consultó los más variados textos. Su obra no fue una improvisación para resolver el caos jurídico, sino un ahincado esfuerzo que llevó a cabo con el más amplio conocimiento de las instituciones del derecho.

El Código Civil de Bello está inspirado en los principios del liberalismo, pero con ese sentido pragmático que caracteriza toda su obra. Los principales fundamentos del Código son los siguientes: organización de la familia con base en la autoridad paternal; matrimonio religioso; el derecho de propiedad limitado por la ley; la libre contratación y un régimen sucesorio ecléctico, que reconoce el derecho preferente de los sucesores legítimos.

Largamente estudiado por varias comisiones legislativas, el Código Civil chileno fue aprobado en diciembre de 1855 sin discusión, para entrar en vigor en enero de 1857.

Transcurrido un siglo, todavía sus preceptos rigen, con las modificaciones lógicas que el tiempo ha hecho necesarias. No puede pedirse mejor prueba de la solidez jurídica de esta obra monumental de Bello, que es un aporte más con que su talento ha servido la causa del progreso en América. Si como hombre de letras fue eximio, como legislador dejó una fecunda huella de su espíritu constructivo.

El Educador

No fue Andrés Bello un mero acumulador de conocimientos, sino que siempre trató de abrir rutas espirituales en su derredor. De ahí que buena parte de su existencia la dedicara a la misión de enseñar.

Durante los años de su juventud, en Caracas, fue maestro de Simón Bolívar. En este caso no se sabe quién tuvo la suerte mayor, si el discípulo o el maestro. Lo cierto es que ambos, aunque distanciados por temperamentos distintos, coincidieron en sus ideas fundamentales sobre el destino americano.

En la época de su estancia en Londres, Bello dio clases con regularidad y esta tarea fue para él como una distracción, en el voluntario destierro, a la vez que un instrumento fecundo de servicio. Si algo caracteriza la vida y la obra de este sabio es su sentido de un magisterio americano, pues sin una adecuada preparación del pueblo, no podrían estabilizarse ni prosperar las instituciones libres.

Su labor educativa de más vasto alcance la llevó a cabo como rector de la Universidad de Chile. En gran parte, la tarea de organizar el nuevo centro fue obra de Bello, pues redactó la ley creadora de la institución. Bello estableció facultades para cursar todos los estudios correspondientes a los adelantos científicos y literarios. Surgieron las escuelas de medicina, matemáticas y ciencias físicas, letras y humanidades. Se incorporó a la Universidad a todo el profesorado valioso que pudo reclutarse, bajo la rectoría de Bello. Dentro de las posibilidades del medio y la época, se puso a funcionar uno de los más adelantados centros universitarios de América.

Dio después el ejemplo de los deberes profesionales. Escribió algunos de los libros de texto más necesarios y urgentes para los estudiantes, estimulando así a los otros profesores. Y trabajó hasta su muerte en la formación intelectual y moral de la juventud de Chile.

Significación de su Obra

Es difícil situar a Andrés Bello en una determinada escuela. No fue un puro clásico ni tampoco un puro romántico. Estuvo al tanto de todo el proceso cultural de su tiempo, y divulgó aquellas ideas, principios y estilos literarios que creyó convenían mejor a las naciones de América.

Fue Andrés Bello un recio libertador espiritual. Dedicó su vida, con plenitud de entusiasmo, a la realización de una vasta empresa cultural y civilizadora. Y puede decirse que no aró en el mar. Los resultados de su esfuerzo constructivo todavía están patentes en múltiple forma.

Alberto Zum Felde, en su libro «Indice Crítico de la Literatura Hispanoamericana», señala que Andrés Bello «se perfila históricamente como el único gran ensayista y polígrafo representante de la generación intelectual de la independencia». Y añade que la naturaleza didáctica de la obra de Bello la condena a una pronta caducidad. A esto podría argüirse que muchos de los criterios y principios sostenidos por Bello están aún vigentes, a una centuria de haberse enunciados.

Pedro Henriquez Ureña, en su valiosa obra «Las Corrientes Culturales en la América Hispana», sitúa a Andrés Bello como el primer escritor en que se hace explícito el deseo de independencia intelectual.

En este sentido, como en muchos otros, fue Andrés Bello un sagaz innovador. Es erróneo el punto de vista de algunos críticos de considerar a Bello como un conservador y clasicista en toda la línea. A veces, sus ideas son del más avanzado carácter. Lo que ocurre es que Bello postula sus verdades sin ese acento delirante tan del gusto de la época. De ahí que parezca extremadamente frío y sereno. Pero no le falta, en lo profundo, un apasionado fervor americano.

Bello quiere conciliar aquellas raíces más nobles del pasado con un progreso que tenga su sustento en la ley y la educación. No cae en el simplismo de querer abolir toda la tradición, sino que parte de la realidad histórica y social, para buscar en forma inteligente los adelantos posibles.

Contempladas su vida y su obra a la distancia de un siglo, se advierte la previsión realmente extraordinaria de su espíritu. Situado en la vertiente de dos épocas históricas, Andrés Bello comprende, como pocos, ese mundo de transición e intuye la grandeza del destino americano. Se da cuenta de que la independencia política requiere el complemento indispensable de liberación por la cultura. Nadie trabajó tanto como él en ese empeño ni logró tan fecundos rendimientos.

El alma de América encontró en Andrés Bello a uno de sus más lúcidos expositores, con esa su humilde sabiduría transida de fe en los valores humanos y espirituales.

«MARÍA», UNA NOVELA CENTENARIA

Hace más de un siglo —en 1867— se publicó en Bogotá la primera edición de «María», una novela sencilla, hermosa y triste, que llegaría a ser clásica en la literatura hispanoamericana.

En «María», el escritor colombiano Jorge Isaacs nos presenta un relato romántico de un idilio embellecido por la pureza de dos almas casi adolescentes. El paisaje americano, en su desnudez agreste, forma parte también de ese idilio, que la muerte interrumpe prematuramente.

El tema no era nuevo, como tampoco la actitud romántica ante la vida, que fue fuente de inspiración, en los siglos XVIII y XIX, de grandes obras literarias en Europa y en la propia América.

Pero «María» incorpora cierta ingenuidad y cierta gracia de juventud, sin grandes complicaciones ni jactanciosas sutilezas. Allí, ha dicho el escritor peruano Luis Alberto Sánchez, podemos ver «cómo brilla de veras el sol, cómo parlotea el río, cómo verdean los campos, cómo sonríen los labios, cómo triscan los rebaños, sin nada postizo ni irreal».

En esta sinceridad conmovedora y honda, radica la fuerza principal de esta novela del romanticismo americano, y explica su atractivo para varias generaciones de lectores. Ya en 1890 la novela había sido traducida al inglés y se la leía con entusiasmo en Boston, según daba a conocer José Martí en una de sus correspondencias literarias enviadas al diario «La Nación», de Buenos Aires. Y Germán Arciniegas, en un artículo reciente, expresa la opinión de que la novela de Isaacs «ha sido y seguirá siendo el libro que más se vende, que más se compra, entre todos los escritos en la América nuestra, y el que más interesa en el extranjero».

Quizá para el gusto moderno la novela pueda parecer demasiado sentimental y afiebrada, sobre todo si se mira desde la misma perspectiva con que el adulto quiere ver, sin comprender, el mundo de los adolescentes. Pero «María» pertenece a una época y a un ambiente que eran tales como los describió Jorge Isaacs. El idilio de María y de Efraim ni siquiera fue creado por la imaginación del autor, sino que constituye un relato en gran medida autobiográfico, según la opinión de la mayor parte de los críticos. Isaacs presenta al desnudo las almas de aquellos adolescentes: sus sueños, sus ideales, sus angustias. Y los coloca en el escenario típicamente americano, en una hacienda cuyo nombre sugiere todo lo demás: «El Paraíso».

No es de extrañar, pues, que en ese medio paradisíaco, en el valle colombiano de Cauca, las flores sirvan para expresar con lenguaje de matices románticos, los sentimientos de los protagonistas. Las rosas que María coloca diariamente en la habitación de Efraim son el mejor testimonio de su devota pasión. Son flores que evocan la pureza espiritual, más bien que el color y la belleza meramente sensuales...

Ha afirmado el crítico y profesor argentino Enrique Anderson Imbert que «en María se nos devuelve la imagen coloreada de nuestra vida americana: americanismo, no exotismo. Ese americanismo es el que hace de «María» una novela tan representativa —no sólo de su época, sino también de las épocas que vendrían después—. Sus descripciones hacen presagiar a la novelística latinoamericana de este siglo, vigorosamente empeñada en presentar a la naturaleza americana en toda su fuerza dramática. Las descripciones de «María» anticipan ya a «La Vorágine».

Ni siquiera la actitud romántica es exótica en «María», porque el romanticismo fue un movimiento cultural de gran influencia en América Latina, y es una actitud espiritual que acompaña siempre los sueños apasionados y vehementes de la juventud.

Por todos estos motivos, «María» ha llegado a ser tan nuestra como los poemas inefables de Rubén Darío. No debemos sorprendernos que la una y el otro, que encarnan momentos diversos pero igualmente representativos de la literatura hispanoamericana, hayan estado unidos en la reciente evocación del centenario, cual si fuera un idilio literario tejido en el recuerdo.

Retrato de Sarmiento, pintado por su nieta Eugenia Belén Sarmiento

DOMINGO F. SARMIENTO Y EL NORTE

Hacia mediados del pasado siglo, un escritor argentino exiliado en Chile visitó los Estados Unidos, y tras de observar con detenimiento las instituciones políticas y educacionales del país, decidió que éstas podían servir de modelo para su patria.

El escritor argentino se llamaba Domingo F. Sarmiento, y había escrito ya, durante su exilio en Chile, un libro que llegaría a ser famoso en la literatura hispanoamericana: «Civilización y Barbarie: Vida de Juan Facundo Quiroga», publicado por vez primera en 1845. Este libro atrajo sobre Sarmiento una serie de ataques y críticas. El gobierno de Chile, temiendo por su vida y para sacarlo de esa vorágine, le dio la encomienda de viajar al extranjero, a fin de que hiciera un estudio del sistema de enseñanza en Europa y América. Al final ya de su recorrido, Sarmiento permaneció cerca de dos meses en los Estados Unidos (del 15 de septiembre al 4 de noviembre de 1847).

En una frase sintetizó Sarmiento el resultado de su travesía y observaciones sobre la República del Norte: «Mi viaje fue como el de Marco Polo: descubrí un mundo y me adherí a él».

Dos años después, en 1849, ese moderno Marco Polo publicaría la primera edición de «Viajes», en dos volúmenes. Sus impresiones están recogidas en forma de cartas. En una de ellas, dirigida a Valentín Alsina, abogado y profesor de la Universidad de Buenos Aires, cuenta Sarmiento su recorrido por los Estados Unidos, y entra en perspicaces observaciones sobre lo que hubo de observar.

Decepcionado de Europa, sobre todo de Francia, que había sido el modelo de los revolucionarios latinoamericanos, Sarmiento creyó encontrar en la joven sociedad norteamericana los gérmenes de un mundo nuevo, basado no en las castas sociales del Viejo Mundo, sino en instituciones democráticas y en el sistema igualador de una educación pública para todos.

Sus entusiasmos se vieron muy alentados, al conocer al educador norteamericano Horace Mann, que tanto contribuyera a la reforma y progreso del sistema de enseñanza pública en el estado de Massachusetts. El ejemplo de Mann fue para Sarmiento una gran inspiración.

Entre los dos educadores se estableció una cordial amistad, a pesar de que para entenderse, necesitaron de una traductora: la esposa de Mann. Pero ambos estaban animados del mismo propósito: el de propiciar el avance de la civilización por medio de la educación pública. Para Horace Mann, según explicaría el propio Sarmiento, «la ignorancia es casi un delito, pues que presupone la infracción de las leyes morales y sociales». La educación viene así a cumplir una labor de redención humana, indispensable para el funcionamiento y la preservación de la sociedad democrática.

Horace Mann en el Norte, y Domingo F. Sarmiento en el Sur, lucharon por la implantación de un sistema de enseñanza que hiciera posible el progreso individual y social del hombre. «Debemos convertir toda la república en una escuela», decía Sarmiento. Consideraba que ésta era la solución mejor en la lucha entre la civilización y la barbarie, cuyos dramáticos caracteres había planteado ya en «Facundo».

El análisis que hace Sarmiento de los Estados Unidos lo basa en factores diversos: geográficos, históricos, sociológicos, políticos, institucionales, educativos. Todo lo observa Sarmiento con minucioso empeño. En lo relativo a las instituciones democráticas, ve un modelo a seguir, y escribe: «La República existe, fuerte, invencible. La lámpara está encendida, y algún día la justicia, la igualdad y la ley vendrán a nosotros cuando el sur refleje la luz del norte».

Pero sin duda, lo que despierta su mayor entusiasmo es la educación pública. Son los Estados Unidos, según Sarmiento, «el único país en el mundo donde la capacidad de leer y escribir es universal, donde 2.000 periódicos satisfacen la curiosidad pública, y donde la educación como el auxilio social, está a disposición de todos los que la necesiten».

Sarmiento visitó varias ciudades de los Estados Unidos y en su libro nos da sus impresiones de los distintos lugares, y de las características del pueblo norteamericano. Pero es en Nueva Inglaterra donde Sarmiento encuentra mayores motivos de elogio y admiración. Estima que allí están las raíces espirituales de los Estados Unidos, con la influencia del ideal puritánico.

En cuanto al pueblo norteamericano, considera que lo más característico en él es «su capacidad para utilizar, popularizar y perfeccionar todas las prácticas, herramientas, métodos y auxilios que la civilización más avanzada ha puesto en sus manos».

Casi veinte años después de esta su primera visita, Sarmiento regresó a los Estados Unidos con el cargo de ministro plenipontenciario de su país. Desarrolló, a lo largo de tres años, una intensa labor cultural. Una de sus tareas fue la de escribir una biografía de Abraham Lincoln, cuyo asesinato había ocurrido poco antes del arribo de Sarmiento a los Estados Unidos. Sintió Sarmiento una gran admiración por el presidente mártir, y quiso que se le conociera mejor en la América Latina.

Por esa época, publicó también el informe sobre «Las Escuelas: Base de la Prosperidad y de la República en los Estados Unidos», Nueva York 1866. En la portada, aparecía un grabado de Horace Mann.

Ya entonces, el educador norteamericano había muerto, pero su obra quedaba como un excelente ejemplo para todos aquellos interesados en el progreso de educación pública. Sarmiento continuó una duradera amistad con Mary Mann, la viuda del educador de Massachusetts. Ella tradujo al inglés el más importante de los libros de Sarmiento —Facundo— con el título de «Life in the Argentine Republic in the Days of the Tyrants, or Civilization and Barbarism», que precedió una biografía del autor.

Por medio de Mary Mann, pudo Sarmiento conocer a algunas destacadas figuras de las letras norteamericanas de aquella época, como el filósofo Ralph Waldo Emerson, el poeta Henry Longfellow, y el profesor e historiador de la literatura española George Ticknor.

Al mismo tiempo que desarrollaba sus tareas diplomáticas, el escritor argentino encontró tiempo para editar en Nueva York, en 1867, una revista que denominó «Ambas Américas». Como era lógico en el caso de un educador tan consagrado como Sarmiento, la revista dedicó una atención fundamental a los asuntos pedagógicos.

Un año después, en 1868, Domingo F. Sarmiento fue elegido presidente de la república Argentina, y tuvo oportunidad entonces de poner en práctica algunas de sus ideas sobre reforma docente. Considerando que los maestros eran la base de un buen sistema de enseñanza, estableció un sistema de escuelas normales para la preparación del magisterio. En estas tareas, tuvo la ayuda y colaboración de un grupo de 66 maestras norteamericanas que, invitadas por el presidente argentino, hicieron el largo viaje para prestar su concurso y entusiasmo a los planes de reforma docente. También fundó Sarmiento el primer observatorio astronómico de la América del Sur, en Córdoba, empresa que hubo de confiar al astrónomo Benjamín Apthorp Gould, de la Universidad de Harvard.

La presidencia de Sarmiento se caracterizó por sus iniciativas encaminadas a promover el progreso del país por medio de la ilustración y la cultura. En ese empeño, siempre hubo de utilizar los amigos y conexiones con instituciones de enseñanza que había hecho durante su permanencia como diplomático en los Estados Unidos.

Con frecuencia se han hecho comparaciones entre Sarmiento y Tocqueville. Sin duda hubo entre ellos cierto paralelismo, ya que visitaron los Estados Unidos a mediados del siglo pasado, y escribieron agudos comentarios sobre las instituciones y costumbres del país, casi siempre con un sentido de admiración y aprobación, aunque no dejaron al mismo tiempo de hacer algunas críticas sagaces.

Obviamente, el análisis de Tocqueville fue de un carácter más profundo, ya que se adentró magistralmente en el estudio de las instituciones políticas. El mismo Sarmiento escribió una vez que «Tocqueville nos reveló por vez primera el secreto de la América del Norte».

Pero las observaciones de Sarmiento, sin alcanzar la excelencia de «Democracy in America», no dejaron de mostrar una amplia comprensión y perspicacia. Su importancia mayor radica, quizá, en que en un momento en que los intelectuales de la América Latina miraban hacia Europa, y especialmente hacia Francia, como un modelo en el aspecto político y cultural, Sarmiento dio a conocer a los pueblos del Hemisferio la trascendencia de la revolución democrática y educacional que se estaba llevando a cabo en la patria de Abraham Lincoln.

Rubén Darío

EL MUNDO AZUL DEL MODERNISMO

Hacia fines del pasado siglo se abre paso en Iberoamérica un nuevo espíritu inclinado a la originalidad y, en cierto modo, al exotismo. Así se explica que el fulgor del estilo coincida con la lejanía de los temas. La poesía se acendra con nuevos giros y con un ritmo lleno de cadencias, en combinaciones métricas que tienen un sabor arcaico o muy moderno.

Este nuevo espíritu se distingue fundamentalmente por su repudio de lo vulgar y prosaico. Se quiere elevar la vida a planos poéticos. Y como la realidad es mediocre y primitiva —siempre toda realidad está por debajo del sueño del artista— los escritores se fabrican un mundo de imaginación y maravilla, cuyo meridiano pasa casi siempre por París.

Los poetas de este movimiento literario, llamado Modernismo, se hacen extremadamente líricos y subjetivos. Crean su «jardín de sueño, lleno de rosas y de cisnes vagos», según la expresión de Rubén Darío. Es un mundo límpidamente azul, color que domina la óptica del Modernismo. Todo adquiere una tonalidad celeste, de cielo sin nubes, para estos enamorados de la belleza.

El azul es como la bandera rebelde frente a la sordidez y el atraso. La imaginación de los poetas modernistas es exquisitamente delicada. José Martí, refiriéndose al bardo mexicano Gutiérrez Nájera, dice que su verso es de «ópalo tenue y de luz de luna». En efecto, hay en todos los creadores del Modernismo un sentido nuevo del color y de la forma, unido a una honda ternura sentimental.

La famosa princesa de la Sonatina de Darío quiere «ir al sol por la escala luminosa de un rayo, tener alas ligeras, bajo el cielo volar». Es como acercarse al mundo azul de los sueños, al mundo de los sentimientos profundos, de la poesía y del amor. La realidad es la gran enemiga de los «modernistas» y el ideal está en elevarse, hacia planos de exaltado lirismo.

Como movimiento literario, el Modernismo muestra una vigorosa personalidad. Sus poetas crean un nuevo estilo. Y traducen con simbólicas palabras la crisis en que se debate la conciencia iberoamericana. Su influencia se deja sentir fuertemente.

Se le ha reprochado al Modernismo su carencia de preocupación social y política. Pero hay que tener en cuenta que el movimiento atraviesa por varias etapas y que, si en sus inicios hubo de mostrar inclinación a lo exótico y lejano, después se inspira frecuentemente en temas americanos. Por lo demás, es injusto reprocharle culpas de omisión política, tratándose de una escuela específicamente entregada a la renovación de las letras.

Los poetas del Modernismo querían cumplir aquella misión que les había dado su jefe y guía, el genial Rubén Darío: ser «pararrayos celestes», «rompeolas de eternidades». No siempre, desde luego, estaban a la altura del trascendente empeño ni alzaban sus torres líricas con efusión divina, pero traducían una emoción de belleza y «una sed de ilusiones infinita».

Para expresar la sensibilidad nueva, se requería un lenguaje de lirismo profundo y de musicales giros. De ahí la preocupación por la forma que se advierte en todos los poetas del Modernismo y que los lleva a revolucionarias innovaciones, abandonando las rimas trilladas en que parecía asfixiarse la poesía finisecular en idioma español.

Los poetas modernistas ponen de moda el monorrimo, el endecasílabo dactílico, los metros de nueve, diez, doce, quince y más sílabas. Y mediante un manejo feliz del ritmo interior del verso, logran comunicarle una cadencia que tiene su antecedente mejor en Bécquer. En los poetas modernistas la expresión es lo esencial y la idea tiene sólo un valor secundario, aunque con frecuencia se llegue a una fusión ejemplar entre fondo y forma. (Según Alain, el verdadero poeta no busca sus comparaciones, sus imágenes, a fin de aclarar sus pensamientos, sino que «se empeña más bien en obtener sonidos de sí mismo como de una flauta, diseñando por anticipado en sus versos, en sus estrofas, en sus sonoridades esperadas, palabras que no conoce aún, palabras que espera y que, después de rehusarse, se ofrecerán como un milagro para hacer concordar el sonido y el sentido»).

Esta amalgama de sonido y sentido ya se advierte en los llamados poetas precursores del modernismo, quienes se encargan de desbrozar el camino.

José Martí, en los intervalos poéticos de su militancia apostólica por la libertad de Cuba, da a su verso una dimensión de sencillez y gracia, desconocida para las viejas retóricas. Su «Ismaelillo» pone a vibrar acentos de gran ternura, como si los versos nacieran propiamente del corazón. Y en los «Versos Sencillos» deja que fluya la emoción poética con cálida ingenuidad, no exenta a veces de barroquismo:

> Yo que vivo, aunque me he muerto,
> Soy un gran descubridor,
> Porque anoche he descubierto
> La medicina de amor.
> Cuando al peso de la cruz
> El hombre morir resuelve,
> Sale a hacer bien, lo hace, y vuelve
> Como de un baño de luz.

Acaso el mejor aporte de Martí al modernismo sea la absoluta sinceridad, que lo hace identificarse plenamente con su poesía. «Se ha de escribir viviendo —había dicho él— con la expresión sincera del pensamiento libre, para renovar la forma poética». Entre vida y poesía se establece así una conyugal intimidad:

> ¡Verso, nos hablan de un Dios
> Adonde van los difuntos:
> Verso, o nos condenan juntos
> O nos salvamos los dos!

Pero si Martí aporta la sensibilidad nueva al mundo del modernismo, Gutiérrez Nájera es el encargado de comunicarle el sentido de lo plástico y del color. Sus versos y prosas parecen un desfile de acuarelas. «Gutiérrez Nájera es acaso —escribe Max Henríquez Ureña en «Breve Historia del Modernismo»— el primero que en las letras de América profesa especial devoción por los colores. En este aspecto de su producción es evidente la influencia que sobre él ejerció Théophile Gautier».

La impronta de los parnasianos y simbolistas se encuentra fuertemente impresa en la obra del mexicano Gutiérrez Nájera. Y por su conducto, pasa a Rubén Darío y a los poetas del modernismo.

El sentido de lo plástico aparece constantemente en la obra de Gutiérrez Nájera, o el Duque Job, como acostumbraba a firmar sus artículos en la prensa. Hasta las emociones se revisten de colores. El alma tiene sus alas brillantes —dice el poeta—

«ora blancas, azules o rojas». Y se dirige a las tristezas como si fueran mujeres a su alrededor:

> *De sangre es el color de sus pupilas,*
> *de nieve son sus lágrimas;*
> *hondo pavor infunden... yo las amo*
> *por ser las solas*
> *que me acompañan.*

Para Gutiérrez Nájera todo adquiere forma y color, nada es meramente abstracto. Hasta la vida conservará una forma eterna, mediante la obra creadora del artista. Así lo proclama en *Non Omnis Moriar:*

> *¡No moriré del todo, amiga mía!*
> *De mi ondulante espíritu disperso*
> *algo, en la urna diáfana del verso*
> *piadosa guardará la Poesía!*

Otro de los precursores del modernismo, el colombiano José Asunción Silva, da al misterio una dimensión poética, como ocurre también en el norteamericano Edgard Allan Poe. Ambos están gobernados por una sensibilidad honda y angustiada. En uno de sus «Nocturnos», Silva marcha del brazo de sus recuerdos para convertir una experiencia melancólica en fuente de belleza poética. Tras el fondo desgarrado, se abre paso la extraordinaria musicalidad de los versos:

> *Y mi sombra*
> *por los rayos de la luna proyectada,*
> *iba sola,*
> *iba sola,*
> *iba sola por la estepa solitaria;*
> *y tu sombra, esbelta y ágil,*
> *fina y lánguida,*
> *como en esa noche tibia de la muerta primavera,*
> *como en esa noche llena de murmullos, de perfumes y de música*
> *de alas,*
> *se acercó y marchó con ella,*
> *se acercó y marchó con ella,*
> *se acercó y marchó con ella... ¡Oh las sombras enlazadas!*
> *¡Oh las sombras de los cuerpos que se juntan con las sombras de*
> *las almas!*
> *¡Oh las sombras que se buscan en las noches de tristezas y de*
> *lágrimas!*

Ya la atmósfera del modernismo está casi formada: tiene los acentos sinceros de José Martí, el colorido de Gutiérrez Nájera, la musicalidad y la melancolía de José Asunción Silva. Y en cuanto a la forma, se advierte una radical discrepancia con las retóricas y un fuerte impulso hacia un nuevo estilo de expresión.

Faltará aún el exotismo característico de Julián del Casal, el poeta cubano que parece hermano de Silva por su pesimismo, y que sueña con paraísos lejanos. Trabaja Casal en su verso para liberarse de la realidad y le salen estrofas de gran perfección formal, adonde se asoma la delicada angustia de su alma.

Todos estos poetas tienen de común su exquisito dominio de la palabra, su sentido del ritmo y del color. Es un nuevo estilo que pone a vibrar en América un cabrilleo de metáforas, un sonoro ejercicio de galanuras literarias.

Luego llega Rubén Darío, que es por sí solo una revolución en las letras contemporáneas.

En su primera producción, se muestra Rubén Darío como un «preciosista» que renueva las formas verbales con el empleo de originales estrofas métricas y con un fuerte acento musical. Su verso adquiere una majestuosa prestancia, como si una sensibilidad inédita hubiese despertado en América.

Aquello fue un cataclismo en el «antiguo régimen» literario. Se estremecieron las academias, y la azorada familia de los retóricos comenzó a sentir mortales escalofríos.

La primera salida lírica de Rubén fue en 1888, con «Azul», cuyo título ya anuncia una concepción revolucionaria del arte. El velo maravilloso de la reina Mab, con el cual convertía la triste realidad en sueños, parece cubrir todo el ámbito del libro. Versos y prosas se combinan en alianza poética de muy acendrado carácter.

«El libro está impregnado de espiritualidad cosmopolita» —apuntó el crítico Juan Valera—. Y señalaba en él «galicismo mental». En efecto, así era. El libro respiraba atmósfera de París y de Europa, ansias de evasión intelectual. Era una manera de cubrir con un manto opalino los panoramas renegridos, y de acogerse, ya sin romanticismos, a la fórmula de Hugo: «El arte es azul».

El azul venía a ser un símbolo de lo límpido, sereno y poético, una especie de región ideal del alma. Si repasamos las páginas del primer libro de Rubén, nos hallamos con una profusión de asuntos en que el color parece dar el tono dominante. Hay acuarelas, paisajes, aguafuertes, naturalezas muertas. Pero un fondo azuláceo es el que sirve de atmósfera a toda la efusión lírica que Rubén pone en su itinerario de seda.

Vendrá luego el sabor de un libro más maduro: «Prosas Profanas». Por uno de esos contrastes tan característicos del modo de ser iberoamericano, el libro de poesía acaso más influyente escrito en estas tierras aparece como «prosas» ante el lector. Pero su aliento poético se percibe desde la primera página y le confiere su encanto inconfundible.

Con «Prosas Profanas» el modernismo alcanza su culminación triunfal. Rubén Darío emerge como el gran maestro al que se vuelven todas las miradas. El marca la pauta y señala los rumbos de la nueva poesía, hecha con ingredientes extraños: música de sonatina, coloquio de centauros, risas y desvíos, delirio lírico del más impetuoso oleaje. Y desde luego la mayor variedad en los metros y una libre e inteligente manera de usarlos, para que el verso «suene y lleve alas», como quería José Martí.

Más tarde, Rubén culmina su delicioso ejercicio poético con «Cantos de Vida y Esperanza», en que abandona los temas exóticos para profundizar en el interior de sí mismo. Es entonces cuando llama a los poetas «torres de Dios» y «pararrayos celestes». Y les dirige esta invocación:

> *Torres, poned al pabellón sonrisa*
> *Poned ante ese mal y ese recelo*
> *una soberbia insinuación de brisa*
> *y una tranquilidad de mar y cielo.*

El poeta parece haber llegado a la sabiduría de la vida, que consiste en ser tranquilo y fuerte. Atrás quedaba el hombre del verso azul y la canción profana. «Pasó ya el tiempo —dice el poeta— de la juvenil sonrisa». Ahora, cuando experimenta el hastío de los placeres, es el momento de penetrar en el sentido y misterio de la existencia. El verso se torna a veces metafísico, como en *Lo Fatal:*

> *¡y no saber a dónde vamos*
> *ni de dónde venimos!...*

O adopta un aire resignadamente melancólico:

> *Y el pesar de no ser lo que*
> *yo hubiera sido,*
> *la pérdida del reino que*
> *estaba para mí,*
> *el pensar que un instante*

> *pude no haber nacido,*
> *y el sueño que es mi vida*
> *desde que yo nací.*

Gran capitán de la aventura poética y de la vida bohemia, con la sensibilidad americana y el espíritu francés, Rubén ha roturado los nuevos caminos literarios, abriendo paisajes de insospechada y maravillosa perspectiva. Con razón pudo decir José Enrique Rodó, en un ensayo famoso sobre el poeta nicaragüense: «Habíamos tenido en América poetas buenos, y poetas inspirados, y poetas vigorosos, pero no habíamos tenido en América un gran poeta exquisito». Con la gracia de Rubén Darío, con su inspirado ejercicio poético, con la música de sus versos, todo el ambiente se impregna de la nueva modalidad literaria, que se abre paso con ritmo de «marcha triunfal».

Es un movimiento que invade todos los rincones y que se hace representar, en cada uno de los países, con cultivadores de linaje muy selecto.

Toma a veces la forma de un tremante lirismo, como en Herrera y Reissig; o de un sonoro ímpetu verbal, como en Chocano; o de una ternura honda y mística, como en Nervo. Los poetas del modernismo se caracterizan por su fuerte personalidad y su apasionado fervor lírico.

Los prosistas del modernismo carecen quizá de la alta categoría creadora de los poetas. Pero descuellan algunos, por su talento y el dominio del idioma, como Enrique Gómez Carrillo, Díaz Rodríguez y sobre todo José Enrique Rodó.

En el ensayista uruguayo nos hallamos ante un vigoroso expositor de ideas y un brillante estilista. Sus libros revelan a un maestro que siente la preocupación de los nuevos tiempos y que trata de ofrecer un mensaje de orientación a la juventud. Se había equipado para esa tarea con una cultura muy amplia, enriquecida en el trato con los clásicos y en el conocimiento de las literaturas modernas. Su estilo tiene un inspirado acento metafórico. Fondo y forma coinciden en la versión de un escritor idealista y de singular donaire de expresión. Rodó llega a representar en la prosa lo que fue Darío como renovador del lenguaje poético.

De los libros de José Enrique Rodó, hay que destacar especialmente «Ariel», por la gran influencia que llegó a alcanzar en la juventud iberoamericana.

«Ariel» es un alegato contra el materialismo y una defensa de los valores del espíritu. Rodó advierte el peligro de una civilización que sólo tenga en cuenta los intereses económicos. Quiere que, en los jóvenes, se desarrollen íntegramente sus condiciones. «Ariel triunfante —dice— significa idealidad y orden en la vida, noble inspiración en el pensamiento, desinterés en la moral, buen gusto en arte, heroísmo en la acción, delicadeza en las costumbres». Es decir, hombres dotados de una plenitud armoniosa.

No es la mera posesión de los bienes lo que, según Rodó, da al hombre su felicidad y fuerza. Requiérese la lucha por el ideal, el esfuerzo por ennoblecer la conducta.

El pensador uruguayo, al observar la civilización norteamericana, ve en ella una vida mecánica y entregada al mero disfrute de los bienes materiales. Advierte una «radical ineptitud de selección», «un profundo desorden en todo lo que pertenece al dominio de las facultades ideales». Ello se traduce en el orden moral, según Rodó, en un utilitarismo frenado sólo por el resorte de la tradición religiosa.

Rodó entiende que los pueblos del sur deben ser los guardianes de un orden espiritual de la vida que mantenga el culto de los valores morales y estéticos, de acuerdo con la tradición de Grecia y el cristianismo.

En su crítica de la vida norteamericana, Rodó confunde algunas manifestaciones parciales con el carácter esencial de su civilización. Sin duda hay en los Estados Unidos una gran preocupación por los problemas del bienestar y la adquisión de bienes, pero al mismo tiempo en las universidades, laboratorios y bibliotecas, son muchas las personas entregadas al estudio, la investigación y las más nobles empresas culturales.

El libro de Rodó despertó en cierto modo la conciencia iberoamericana para una misión de futuro. Tuvo la visión de señalar a las juventudes un rumbo idealista. «Ariel» es un alegato de vigoroso contenido y de bella finalidad constructiva.

Su énfasis en el valor de las individualidades y el cultivo de la personalidad, su desprecio por lo vulgar, su convicción de la necesidad de una aristocracia del espíritu relacionan en cierta forma a «Ariel» con un libro más moderno y también famoso: «La Rebelión de las Masas», de José Ortega y Gasset. En ambos libros la persona es el eje y fundamento de la sociedad, con una dimensión profunda en lo espiritual. La libertad es el ambiente de la convivencia, pero con un sentido de selección en los dirigentes, para que no se malogre. Lo que propone Rodó, como Ortega, es una democracia organizada sobre una base de jerarquía, respeto a los derechos humanos y elección de los mejores.

Los poetas y prosistas del Modernismo no sólo mostraron

una nueva sensibilidad para el cultivo de las letras, sino que suscitaron temas de trascendencia ideológica, como en el caso de José Enrique Rodó.

A pesar de la tendencia exótica que se manifiesta en sus primeros cultivadores, incluyendo a Darío, esta promoción de grandes escritores llega a identificarse con las cuestiones básicas de América. Gracias a su inquietud ideológica y su aguda sensibilidad, se fortalece la conciencia iberoamericana y se avanza hacia una franca discusión de los problemas comunes.

El Modernismo renovó el estilo de los escritores, redimiéndolos de la vulgaridad y el prosaísmo, al mismo tiempo que contribuyó a crear un nuevo espíritu.

FEDERICO Y HARRIET DE ONIS

Federico y Harriet de Onís llenaron una época en la ciudad de Nueva York, como divulgadores de las letras hispanoamericanas. Fue a partir de la Segunda Guerra Mundial, en que se renovó el interés, en los Estados Unidos, por el idioma español y por el conocimiento de las literaturas de los pueblos iberoamericanos.

Los Onís eran ya de por sí una simbiosis admirable de culturas. Federico representaba el ingrediente hispánico, ella la simiente sajona. El venía de Salamanca, discípulo de don Miguel de Unamuno y saturado de Cervantes y de las esencias mejores del Siglo de Oro español. Ella procedía de Nueva York y de las aulas de la universidad de Columbia. Entre ambos se pusieron a trabajar con una eficacia y un talento excepcionales, por la divulgación de lo hispánico en los Estados Unidos. Y el resultado fue realmente extraordinario.

Don Federico dirigía el departamento de estudios hispánicos de la universidad de Columbia, cargo que desempeñó durante muchos años. Pero no enseñaba sólo desde la cátedra, en la que el Maestro iba vertiendo en los jóvenes norteamericanos los jugos del clasicismo español, sino también en la conversación privada, en la tertulia alegre del café, en las veladas de la Casa de las Españas, en el diálogo con las figuras intelectuales de España y de la América Latina que desfilaban por la metrópoli y que no podían dejar de visitar a Don Federico. Y aquel magisterio tenía siempre la asistencia callada, sutil, tiernamente femenina de Harriet.

Mientras Federico enseñaba en Columbia, o hablaba en la tertulia, Harriet se dedicaba a traducir del Español y Portugués al Inglés. Y lo que traducía Harriet era casi siempre lo de mayor interés, lo de más viva actualidad cultural, lo más sustancioso y bruñido que salía de las maquinillas de escribir de los autores iberoamericanos.

Harriet se empeñó especialmente en dar a conocer a algunos de los mejores novelistas. Así se puso un día a traducir «El Aguila y la Serpiente», del mexicano Martín Luis Guzmán, que publicó la editorial Knopf en 1930.

Más adelante advirtió que sería conveniente divulgar en los Estados Unidos el mundo mitológico de la pampa y el gaucho, y llegó a la conclusión de que la obra de Ricardo Güiraldes era «probablemente la más original y duradera que la América hispana ha producido en este siglo». Y se entregó a la traducción de «Don Segundo Sombra» («Don Segundo Sombra: Shadows on the Pampas»), editado por Farrar and Rinehart, de Nueva York, en 1935. El estudio de Harriet, al final de la novela, situaba la obra de Güiraldes dentro del esquema histórico de las letras argentinas, especialmente en comparación con el «Martín Fierro» y con «Facundo».

Cada traducción de Harriet era un acicate para nuevos empeños. Así se propuso también divulgar la obra de una magnífica novelista venezolana, Teresa de la Parra, aquella que «escribía porque se aburría», y pronto estuvieron en versión inglesa las deliciosas «Memorias de Mama Blanca» (María Blanca Souvenirs) que publicó la Unión Panamericana, y también la Unesco.

De Ciro Alegría, el laureado novelista peruano, tradujo Harriet al inglés sus novelas principales: «El Mundo es Ancho y Ajeno» (Broad and Alien is the World), «La Serpiente de Oro» (The Golden Serpent), así como fragmentos de «Los Perros Hambrientos» (The Hungry Dogs).

Trabajó también Harriet en la traducción de diversas obras históricas del destacado escritor colombiano Germán Arciniegas, entre ellas «Amerigo y el Nuevo Mundo» (Amerigo and the New World: the life and times of Amerigo Vespucci) y «Biografía del Caribe» (Caribbean, Sea of the World), ambas editadas por Knopf.

La lista de autores hispanoamericanos cuyas obras tradujo Harriet, para su publicación por editoriales de los Estados Unidos, es realmente larga, y habría que incluir también a escritores como Alcides Arguedas, Ernesto Sábato, Eduardo Mallea, Miguel A. Asturias, Rómulo Gallegos, Joao Guimaraes y Arturo Uslar Pietri.

Como complemento de esta labor, preparó Harriet dos valiosas antologías, con un material cuya traducción estuvo completamente a su cargo: «Spanish Stories and Tales», publicada en

1954, y «The Golden Land; an Anthology of Latin American Folklores in Literature», de 1961.

Como puede advertirse, fue vasta y eficaz la obra divulgadora de Harriet de Onís. Nunca se había hecho tanto por dar a conocer, entre los lectores de habla inglesa, a los autores ibero americanos. Harriet nos dio a todos un bello ejemplo de disciplina y amor a las letras.

La etapa final en las vidas de este matrimonio consagrado al servicio de la cultura hispánica se desarrolló en Puerto Rico. Jubilado ya de sus actividades en la Universidad de Columbia, Don Federico realizó una magnífica labor en la Universidad de Puerto Rico, contribuyendo a la preparación de sendos números especiales de la revista «La Torre», de esa universidad, dedicados a Miguel de Unamuno, Antonio Machado y Rubén Darío, este último al cumplirse el centenario del poeta nicaragüense.

En su introducción al valioso libro conmemorativo, sobre Rubén, proclamaba Don Federico que «la hoguera que él encendió, corrió por todo el mundo de habla española... y por primera vez la cultura de España y de la América española alcanzó verdadera unidad y universalidad hispánicas». Por eso Don Federico aplica a Rubén el título de «ciudadano hispánico», considerando que a nadie podía aplicársele con tanta justicia como al poeta de Azul.

También los Onís contribuyeron en una forma muy destacada a mantener encendida la hoguera de la cultura hispánica, y a que se esparciera por toda la América, por medio de una fecunda labor. Han dejado una huella cultural que perdurará por largo tiempo, y que mucho ha contribuido al acercamiento espiritual entre el mundo sajón y el hispánico en América.

1934. «The Golden Land», an Anthology of Latin American Poetry in English. ... In: Literature ... ... 1961.

Como poeta colectivo, creemos haber dicho lo más elocuente de
De la Onís. Onís, Ibáñez se halla hacia tanto que ...
poner, entre los lectores de habla inglesa, a los autores ... tan
afortunados, tanto ... nos ofrece un bello ejemplo de disciplina y ...

Su trabajo final en las vidas de esta matrimonio consagrado al
Servicio de la cultura hispánica se desarrolló en Puerto Rico, trabajando ya de sus actividades en la Universidad de Columbia. Don
Federico realizó una magnífica labor en la Universidad de Puerto
Rico, contribuyendo a la preparación de serios núcleos especiales de la misma. La fama ... de esa universidad, dedicada a ...
gura de literatura, Antonio Machado y Rubén Darío, este último
al completar el centenario del poeta nicaragüense.

En su introducción al valioso libro conmemorativo sobre Rubén, recordaba Don Federico que en Inglaterra que el conocido
como por todo el mundo de habla española ... y por primera vez
la cultura de España y de la América española alcanzó verdadera plenitud y universalidad hispánicas. Por eso, Don Federico
sobre a Rubén el título de verdadero americano, considerando
que a nadie podía aplicársele con tanta justicia como al poeta de
Azul.

También la Onís contribuyeron en una forma muy deter-
cada a mantener encendida la hoguera de la cultura hispánica,
y a que se expandiera por toda la América, por medio de una te-
sonera labor. Han dejado una huella cultural que perdurará por
largo tiempo, y que mucho ha contribuido al acercamiento espiritual entre el mundo sajón y el hispánico en América.

Jorge Mañach

Jorge Mañach

UNA SÍNTESIS CULTURAL EN AMÉRICA

«La gran tarea humana del futuro es aprender a regir, a través de la cultura, la historia». Esta es una de las conclusiones a que hubo de llegar el insigne ensayista cubano Jorge Mañach, en un libro póstumo: *Teoría de la Frontera*, publicado recientemente por la editorial de la Universidad de Puerto Rico.

Jorge Mañach murió en julio de 1961, cuando se hallaba desterrado en San Juan. Refiere la profesora Concha Meléndez, en una brillante introducción a *Teoría de la Frontera*, que Mañach pasó los meses finales de su vida trabajando hasta altas horas de la noche en la preparación de estos ensayos. El libro, según ella, es «la síntesis del pensamiento de Mañach, expresando su inteligencia iluminada por el amor de América, la nuestra, y la comprensión y justicia para la otra».

En éste su testamento ideológico y literario, Mañach consigna que la frontera principal que divide al mundo no es la de carácter territorial o marítimo, sino la llamada frontera ideológica. Trátase básicamente del conflicto entre dos concepciones del mundo: la democracia y el comunismo. Mañach hace profesión de fe democrática: «Croce no exageró demasiado al decir que la historia es la hazaña de la libertad, de la expansión del espíritu humano. A ella se debe principalmente todo el progreso que el hombre ha alcanzado a través de los siglos, en dignidad, en cultura, en bienestar».

Refiriéndose a los regímenes totalitarios —fascismo o comunismo—, dice Mañach que «sienten congénitamente la necesidad de imperar», para lo cual utilizan «una mística fanática y un cálculo político sin escrúpulos, ingredientes ambos de un imperialismo de nuevo cuño».

Después de analizar las divergencias políticas y económicas del mundo moderno, y la posibilidad de llegar a síntesis salvadoras,

Mañach entra a considerar la frontera cultural, que es la sustancia básica del libro.

Aquí se mueve Mañach, como quien dice, en terreno propio. En realidad, toda su vida estuvo entregada a la faena cultural. Fue no sólo un atleta del pensamiento, del arte y de la sensibilidad creadora, sino que también contribuyó a divulgar los movimientos de vanguardia y a forjar un nuevo estilo, ágil y poético, de expresión literaria.

Mañach hace en *Teoría de la Frontera* un deslinde bastante esclarecedor del concepto de la cultura. No suscribe la definición de los antropólogos, que dan a la cultura una dimensión muy amplia, como suma total de los modos de vida material y espiritual de un pueblo.

Tampoco reduce el concepto a la mera dimensión de la alta cultura, «una actividad espiritual necesariamente de minoría, que se caracteriza, sin embargo, por su afán de universalidad». Según Mañach, «tales niveles extremos no son los únicos que existen. Entre ellos se da un nivel medio, en que la cultura no es ni una condición primaria ni una actividad exquisita, sino el modo general de conducta de una sociedad civilizada».

Entendida la cultura, pues, en este sentido ecléctico o de «masas culturales medias», pasa Mañach a considerar cuales son las características básicas que distinguen a una cultura de otra.

Para el autor de *Teoría de la Frontera*, lo esencial de una cultura está en sus valores universales, que «se asocian a la realización más cabal de las aptitudes propias del hombre como tal, y son por tanto ejemplares, encarnando aquello que es deseable para todo tiempo y lugar». Junto a los valores universales, se hallan los de índole peculiar, a los cuales el autor otorga un carácter secundario.

Armado con estos conceptos y definiciones, como un caballero andante de las ideas, Mañach enfoca el tema de la frontera cultural de América, donde convergen y a veces se enfrentan los valores de la cultura sajona del Norte, y la hispanoamericana del Sur.

Sintetizando en muy breves palabras el pensamiento del autor, la cultura del Norte se caracteriza por la acción, la del Sur por la sensualidad. En el Norte, ese impulso hacia la actividad y el trabajo, que se advierte en el espíritu de frontera, está a veces frenado por la conciencia moral del puritanismo. Según Mañach, este «gusto del esfuerzo y de la exploración, esta capacidad de asumir riesgos, esta voluntad tensa contra la inercia y la rutina, forman parte del culto general de la energía, que es el resorte maestro del alma americana, y, sin duda, el legado más esencial de la frontera.»

Por otra parte, en el Sur predominan, según Mañach, los valores que dimanan de la sensualidad, incluyendo «no sólo la receptividad estética, sino también la ética o de conciencia, y la contemplación de las ideas como objetos de interés por sí mismas, sin referencia a su valor práctico».

Aunque los valores de ambas culturas son bien distintos y a veces hasta contradictorios, es posible llegar a una síntesis, asegura Mañach. La meta sería «una cultura integralmente humana», que aglutinara los valores del Norte que «tiene que ver con la razón, la acción y la realidad concreta» con los valores del Sur, «que atañen a la sensibilidad, al sentimiento y a la forma».

El instrumento mejor para llegar a esa síntesis está en el diálogo, expone el eminente ensayista. En tal sentido, la frontera cultural constituye un instrumento muy valioso, como en el caso de Puerto Rico, pues allí convergen los valores de ambas culturas, allí cada una de ellas puede «preservar sus valores peculiares y emular del otro sus valores universales».

Termina Mañach su libro con la profecía de que esa síntesis se producirá pronto, con «nuevas formas de inteligencia y de solidaridad americanas, eficaces, dignas, justas y equilibradas».

Impresiona gratamente la vitalidad espiritual de este libro póstumo. *Teoría de la Frontera* abunda en concepciones hondas y sagaces, y está imbuido de un nuevo espíritu de frontera, es decir, de esperanza en el futuro de América.

El estilo tiene por supuesto la precisión, la galanura y la calidad poética constantes en la obra de un maestro del idioma como lo fue Jorge Mañach. Por derecho propio, figura ya entre los clásicos de la literatura hispanoamericana.

AMÉRICA: PASIÓN DE GERMÁN ARCINIEGAS

> *«Después del cristianismo, nada ha producido un cambio tan radical en el pensamiento europeo como la presencia de América.»*

El tema de América ha fascinado al mundo moderno, desde que comenzaran a circular por Europa los relatos de Cristóbal Colón y de Américo Vespucci sobre el maravilloso Nuevo Mundo. Los diversos aspectos de la realidad física y espiritual de América han sido tratados en forma minuciosa a través de varios siglos. Pero entre los escritores hispanoamericanos contemporáneos, hay que reconocer que Germán Arciniegas está en primera línea en su consagración y su encantamiento con el tema de América.

La obra de Arciniegas como ensayista, profesor e historiador, es el testimonio mejor de una vida entregada, a lo largo de más de medio siglo, a este empeño de pesquisa americana. En la primavera de 1974, Germán Arciniegas estuvo en Washington, para ofrecer varias conferencias. En esa oportunidad, —en que por cierto los jardines de Washington parecían haber vestido sus mejores galas para recibir al ilustre escritor colombiano— visitamos la Biblioteca del Congreso, donde lo esperaban para la lectura y grabación de un pasaje de su obra. Recuerdo la alegría de Arciniegas al encontrar allí ejemplares de casi todos sus libros, y al ver expuesta en un salón la obra de Copérnico, que le ha ayudado a demostrar su tesis de la influencia de América en el pensamiento europeo moderno.

Sin duda, América ha sido el tema central y básico de Arciniegas, desde que comenzara a escribir. Pero antes, en su época de estudiante y bajo la influencia de Víctor Raúl Haya de la Torre, el drama de América le había llevado a la lucha romántica por la justicia, la libertad y la unidad hemisférica.

Es curioso consignar, según nos ha relatado el propio Arciniegas, que en sus años de estudiante, no se le consideraba con la vocación de escritor, y eran otros compañeros los que redactaban los encendidos manifiestos de rebeldía y de lucha en pro de la Reforma Universitaria.

Ya esta Reforma, iniciada en una universidad argentina, había ido alcanzando una dimensión americana, extendiéndose hasta las costas del Caribe. Quizá fue entonces cuando Arciniegas comenzó a sentir la urgencia de indagar en el pasado histórico y en el destino de los pueblos del Hemisferio.

En 1938, publica Arciniegas «América, Tierra Firme», cuyas ediciones aún circulan. En un estilo novedoso, que combina la erudición con la gracia, Arciniegas hace incursiones sociológicas para penetrar en las culturas indígenas y mestizas de América, y mostrar su profunda influencia y significación. En su «itinerario a través de las cosas humildes», el autor se deleita con las tiendas de juguetes de Chiquinquirá y los caballitos de Ráquira, «en donde la ingenuidad de los indios ha puesto en barro un mensaje de candor». El arte ofrece, sin duda, uno de los medios mejores y más seguros de llegar a los misterios del alma popular.

Arte e historia van como de la mano en el estudio de las culturas primitivas. En Santa Fe de Bogotá, Arciniegas encuentra el lugar propicio para rememorar la historia de los chibchas, «pueblos de cultura híbrida», cuya influencia llega a hacerse sentir en la América Central y el Ecuador. Frente a los indios, frente a su concepción primitiva y artística de la vida, la Conquista representa la incorporación de nuevos valores, centrados en gran medida en lo religioso. Según Arciniegas, «la Conquista fue, después de los caballos, Dios. La Colonia llega para darse a Dios, y es feudal y supersticiosa».

De este choque de factores étnicos, artísticos y religiosos surge América como un nuevo territorio histórico. Como dice el título del libro, es «tierra firme», es decir, tierra a la cual se llega después de una larga navegación, y en la cual se encuentra cierta consistencia y durabilidad. No mero puerto de paso, sino lugar para el drama heroico de la vida. Por eso es que los españoles, muy inclinados a la aventura dramática, se quedaron para siempre y se mezclaron con las poblaciones indígenas.

Desde la «tierra firme» se puede ascender a la América mágica, de hazañas increíbles por su imaginación y denuedo. Magia del arte militar y de la política es sin duda lo que realiza Hernán

134

Cortés en la altiplanicie mexicana, conquistando un vasto territorio con unos pocos hombres. Magia es la colonización toda de América, venciendo a las cordilleras, los ríos, las selvas y la muerte. Y luego vienen los héroes de la Libertad, como Bolívar, Juárez, Sarmiento y Martí. En tanto que el territorio ofrece sus riquezas y su abrigo para la lucha y el progreso, la magia, que es una forma de locura quijotesca, está en la imaginación de los hombres, en su capacidad, como dice Arciniegas, para «vencer la razón de cada día y anticipar la razón de mañana».

Contemplado desde otro ángulo, este mundo americano se le presenta a Arciniegas como «el continente de siete colores», en que se dan cita «la magia, el ensueño y la poesía». Adentrándose en el aporte de los indios, los españoles y los negros, Arciniegas revive la historia de la cultura de América, expresada en sus formas de arte, literatura, valores ideológicos y espirituales.

Pero no le basta a Arciniegas con buscar los secretos y rasgos esenciales de nuestra cultura, ni con mostrar las profundas diferencias sociológicas, económicas y políticas entre la América sajona y la América hispana, sino que quiere ir más allá, para exponer cómo nuestro hemisferio, mirado como un todo y no en forma fragmentaria, ha sido un factor indispensable y fundamental para el progreso de Europa, y para afianzar los principios y valores en que descansa la civilización occidental.

El tema, de carácter apasionante, tiene su expresión más nítida, amplia y convincente en uno de los más recientes libros de Arciniegas: «América en Europa». Arciniegas pone a disposición del lector una extensa documentación histórica, extraída de múltiples archivos y bibliotecas, para demostrar que América estuvo presente en la historia del mundo moderno desde mucho antes de su descubrimiento por Colón, y que ha seguido estando presente a lo largo de varios siglos.

Antes de que América fuera realidad, era novela, ficción, presentimiento, nos dice Arciniegas. Desde la época de Platón, ya existía como vago conocimiento, entre legendario y poético, de un vasto continente que hubo de hundirse en las aguas del Atlántico. Esta intuición de América fue entretejiéndose con historias muchas veces novelescas, derivadas otras de viajes de navegantes, en que la imagen del nuevo mundo parecía como alumbrar tímidamente en el horizonte marino.

No hubo un descubrimiento, sino varios, asegura Arciniegas. Estos comenzaron con las Cruzadas y luego con el viaje de Marco Polo a China, que abrió, ante los ojos de los europeos, las posibilidades de un amplio comercio con esa región del mundo, rica en productos de alto valor. Y desde entonces, los europeos no pensaron sino en llegar al Asia por una vía rápida. El propio Colón, al lanzarse en su aventura por las aguas del Atlántico, iba en busca de las Indias orientales. Sólo que falló en el cálculo de la distancia.

Para Arciniegas, el descubrimiento de América no sólo ensanchó los límites físicos y geográficos de su época, sino también los horizontes espirituales del europeo. «Cuando Colón enrumba sus tres carabelas hacia occidente, no va tras lo absolutamente desconocido. Se mueve hacia la realidad mágica... Son tierras conquistadas y pobladas por la magia», dice Arciniegas. Realidad mágica, novela, utopía, eso viene a ser América para la imaginación del europeo, que con gran asombro se asoma a las descripciones de Colón, Vespucci y los cronistas de Indias.

A veces, la imagen que se proyecta de América es la de una tierra paradisíaca. En otros casos aparece como un extraño lugar habitado por monstruos, amazonas, antropófagos y seres del más peregrino linaje.

Pero cuando Thomas Moro lee la carta de Amerigo Vespucci sobre el Nuevo Mundo, no tiene duda alguna de que allí debe ensayarse ese sistema de perfección política que dominó Utopía. Según Arciniegas, Thomas Moro «monta en el aire un castillo, cuyas bases, en realidad, se apoyan en tierra firme... Utópicos, los europeos emigran en constante y caudaloso fluir de cuatro siglos hacia el continente de la esperanza: América».

Al igual que la fábula había dado origen anteriormente a la realidad histórica, ahora la realidad hacía fecundar la imaginación para alumbrar el sueño de un mundo feliz, igualitario, perfecto, el mundo de la Utopía.

Pero todo no habría de ser utópico, ni desarrollarse tan sólo en un plano ilusorio. Arciniegas sostiene, con orgullo y satisfacción de americano, que la idea de la independencia política tuvo por vez primera su realidad práctica en Filadelfia, y que desde allí se extendió a Europa y los otros continentes.

«A partir de 1776, comienza Europa a hacer el descubrimiento político de América», nos dice Arciniegas. Y señala con abundante documentación cómo Benjamín Franklin, Thomas Jefferson, Francisco de Miranda y Thomas Paine, entre otros americanos ilustres, influyeron decisivamente en el curso de la Revolución Francesa.

En la redacción de la constitución francesa, el papel de Thomas Jefferson fue destacado, habiéndosele consultado sobre el proyecto de Lafayette acerca de los derechos del hombre, propuesto a la Asamblea Nacional el 11 de julio de 1789.

Refiriéndose a Franklin, nos explica el ensayista colombiano que «la escena preparatoria de la Revolución Francesa está dominada en parte por un extranjero, mitad genio de las ciencias —la electricidad— mitad provinciano extravagante, de pesadas botas campesinas». Franklin llegó a ser una figura de alto prestigio en Francia, respetado y consultado por sabios y políticos.

En cuanto a Thomas Paine, fue declarado ciudadano francés, al igual que Washington, Hamilton y Madison. Elegido miembro de la Asamblea Nacional, dijo con orgullo que los principios en que se fundó la Revolución Americana se habían extendido a Europa, «y una Provincia desbordante regenera el Viejo Mundo con los Principios del Nuevo».

No se olvida Arciniegas, por supuesto, de mencionar también la contribución que hizo a la Revolución Francesa un conspicuo hispanoamericano, el venezolano Francisco de Miranda. Imbuido de los nuevos principios, Miranda sin embargo condenó los excesos de la Revolución. «Amo la libertad, pero no la libertad sangrienta», dijo el precursor de la independencia sudamericana.

Todo esto viene a confirmar la tesis de Arciniegas de que el concepto de la independencia política, que tan profunda influencia ha ejercido y sigue ejerciendo en el mundo moderno, se originó en América. Así en el orden de los principios del derecho político, este continente ha marcado una pauta que aún sigue vigente como una aspiración esencial de todos los pueblos.

Debemos agradecer a Germán Arciniegas este empeño por esclarecer el aporte americano a la historia de la libertad y de la independencia política. Es un esfuerzo que, al indagar en el pasado con una acuciosa búsqueda en los archivos y bibliotecas más prestigiosos de América y Europa, nos ayuda a descubrir verdades poco divulgadas. Es como un redescubrimiento de América, no ya como un continente de hirsuta geografía y de riquezas extraordinarias, sino como un territorio en que vive el espíritu y que es capaz de alumbrar las rutas ideológicas de la civilización.

EL PERIODISMO LITERARIO DE JORGE MAÑACH

La vida heroica y la ejecutoria literaria y patriótica de José Martí fueron el tema predilecto al que dedicó sus mayores afanes un escritor de tan fina perspicacia y galanura de expresión como lo fue Jorge Mañach.

Ahora, Jorge L. Martí, el distinguido escritor y profesor cubano que enseña en la Universidad de New York, estudia la significación de la obra de Mañach en su libro «El Periodismo Literario de Jorge Mañach». Es una trayectoria cultural en la cual se afirman las raíces del alma cubana.

¿Pero es que existe un alma cubana? Si miramos hacia las circunstancias políticas actuales, a la Cuba oficial, pudiera decirse que aquello es como un cuerpo inerte, sin espíritu. Cortados están los nexos con el pasado histórico; cortados están también los nexos con la cultura y con la libertad. La isla vive bajo el absolutismo, el coloniaje y el atraso más lamentable.

Pero a pesar del profundo y doloroso desgarrón, el alma cubana está viva aún, dentro y fuera de la isla. Seguramente está herida, como se hallaba en los versos de Heredia o en los discursos afiebrados de José Martí, pero alienta en nuestras mejores tradiciones y en nuestra más altas esperanzas.

Mañach fue uno de los que más contribuyeron a darle al espíritu nacional un sentido de cohesión, de disciplina, de belleza y fe en los valores de la libertad, durante ese período que se inicia con la publicación de la Revista de Avance —1927— hasta que el totalitarismo comunista se adueña de Cuba —1959—. Aunque se trata de una etapa histórica bastante cercana, debemos decirlo ya con cierto orgullo: fue una edad de oro de la cultura cubana, durante la cual Mañach actuó como uno de los principales orientadores. Recogiendo la antorcha dejada por Varona, la puso a rutilar con el vigor de nuevas ideas y con un estilo que combinaba la precisión con la magia de las metáforas.

Era la época también de poetas como Agustín Acosta, Eugenio Florit y Emilio Ballagas; de historiadores como Ramiro Guerra, Emeterio Santovenia y Herminio Portell Vilá; de ensayistas como Félix Lizaso y Francisco Ichaso; de una gama brillante de artistas como Gattorno, Lam, Ponce y Víctor Manuel; y de un clima intelectual que hacía de Cuba un centro cultural de América.

Lo que ha hecho ahora Jorge Martí con su libro y su amplia investigación es no sólo recoger e interpretar la estela ideológica y periodístico-literaria de Jorge Mañach, sino también devolvernos aquel aire perdido, aquella atmósfera luminosa. Es como reanudar el diálogo interrumpido con nuestra historia, con nuestra cultura, con los valores ideológicos que forman la sustancia misma de nuestro pueblo.

Leyendo el libro de Martí, vemos cómo en toda la copiosa obra que Mañach deja esparcida en periódicos y revistas de Cuba y del extranjero —una parte de ella recogida en libros— hay siempre un empeño de hurgar en el alma cubana, buscando sus secretos en la hazaña heroica, en la expresión literaria, en las formas antiguas y renovadas de sentir la belleza por medio del arte.

Mañach utiliza casi todos los géneros periodísticos para llegar a este objetivo, con la excepción del reportaje, según nos explica Martí. En los artículos, que son casi siempre pequeños ensayos por su maestría literaria, encuentra Mañach quizá su medio mejor de expresión. Pero también la crónica le seduce, y escribe algunas de gran belleza y originalidad, como las que figuran en «Estampas de San Cristóbal». Aquí la inteligencia parece reposar, dejando el campo abierto casi plenamente a la imaginación. Y por ese camino, San Cristóbal de La Habana se nos va apareciendo como una ciudad romántica, embrujada en el encanto poético de sus plazas, sus castillos, sus parques, sus paseos y sus recuerdos.

Estas crónicas pertenecen, en su mayor parte, a la etapa de la juventud, pero a medida que Mañach va madurando sus ideas y ampliando sus horizontes culturales, recurre casi siempre al ensayo y al artículo para exponer sus puntos de vista. No lo hace, sin embargo, en forma dogmática, sino como un diálogo vivo, en que el lector parece participar.

Sus ideas, según Martí, estaban «armonizadas por una filosofía pragmático-vitalista que daban un sentido de militancia a su existencia». Pero señala también que un rasgo distintivo en la posición ideológica de Mañach era «una gran confianza en las aptitudes racionales del hombre», como base de la libertad y de la justicia social. Y añade que «no era el suyo un racionalismo abstracto, sino vitalista. En la vinculación de la razón y la vida, frente a toda tendencia que someta la conducta mayormente al instinto, está la clave filosófica que explica sus criterios estéticos, su interpretación de la historia, sus actitudes políticas».

Esas ideas en que Mañach combina lo racional con lo pragmático, y con un sentido espiritual trascendente, para afirmar un estilo de vida y una interpretación de la historia y la cultura, son las que afloran con frecuencia a su prosa poética, sin caer en la pedantería ni en la arrogancia intelectual. Se explica así que siendo un escritor de temas difíciles y muchas veces profundos, tuviera también la facultad de llegar a numerosos lectores. Fundía lo aristocrático y lo popular por medio de una singular capacidad de expresión artística.

Hay una perfilada unidad ideológica en toda la obra periodística de Jorge Mañach, como la hay también en sus ensayos sobre literatura, historia y arte. Y como sosteniendo todo su edificio ideológico, está su firme convicción de que la dignidad humana, el amor en su sentido cristiano, la libertad y la cultura son los valores esenciales del alma cubana, valores por supuesto no descubiertos por Mañach, sino que están presentes a todo lo largo de nuestra historia y del desarrollo de una conciencia nacional. A veces, el propio Mañach se duele de que no hayan llegado a lo profundo del pueblo, como cuando pone en duda la propia existencia de la nación. Pero con sus ideas orientadoras y su fe en la libertad, Mañach hace lo posible por fortalecer esa conciencia, por ahondar en sus raíces y vigorizar sus ramas, para que florezca de verdad, algún día, la república.

En cierto modo, Mañach se anticipó a la crisis actual y la vio venir. En tanto que otros estaban muy seguros acerca del destino de la República, Mañach observaba los signos ominosos. En realidad, pronto nos fallaron los resortes institucionales y espirituales capaces de salvar a la nación. Era más o menos lo que Mañach quería decirnos, y es lamentable que sus advertencias no fueran oídas.

El libro de Martí nos lleva, como de la mano, a plantearnos muchos de estos temas, porque analizar la obra de Mañach es un camino que conduce inevitablemente al estudio y consideración de muchas de las principales cuestiones y problemas de la sociedad cubana.

Creo que este libro, escrito por un periodista en el exilio, que honró a Cuba y su generación como subdirector de «El Mundo» de La Habana, en una de las etapas más complejas y sin embar-

141

go más constructivas de la vida nacional, es indispensable no sólo para conocer e interpretar la significación literaria y política de Jorge Mañach, sino también para ahondar en esa etapa de nuestra historia reciente y en las raíces del alma cubana.

Algún día, cuando la crisis actual quede atrás —crisis que ya no es cubana sino internacional—, será posible reiniciar la tarea para construir la Cuba armónica que quería Mañach; «una patria enérgica y unánime, liberada de todo lo que hasta ahora la unió o la dividió contra sí misma: la politiquería rapaz, la incultura, la ausencia de jerarquías, la lucha feroz de clases». Y por supuesto, ha de incluirse, como quería el propio Mañach, «una intensificación de la actitud creadora del espíritu». Será como un rescate del alma cubana y de la nación perfilada desde el siglo pasado por Varela y Luz, concebida ya en una forma de mayor plenitud por José Martí; y que tuvo una brillante concreción, respondiendo a la cita de los tiempos nuevos, en el pensamiento y la obra de Jorge Mañach.

SOBRE FLORIT Y SU POESÍA

*«Y yo siempre en el mar,
frente a la estrella».*

Entre Eugenio Florit y la poesía ha habido un largo e inefable idilio, a veces con férvidos coloquios tropicales, otras con un doble acento entre ardiente y sereno, pero casi siempre con un «hábito de esperanza». Es un amor que comenzó en la adolescencia y que no ha muerto aún, que se renueva cada año con las «saetas ilusionadas». Esas relaciones líricas entre Florit y su poesía tienen un sesgo de fascinación y misterio, que Mario Parajón, conocedor del alma profunda de los poetas, indaga con perspicacia en su reciente libro «Eugenio Florit y su Poesía», publicado por «Insula», Madrid.

El autor, que ha dedicado varios años al estudio de la obra del gran poeta de las letras hispánicas, escribe con agudeza crítica, penetración y donaire sobre esas relaciones de Florit con la poesía, y su simplificación profunda.

Para adentrarse en ese territorio, donde la aventura poética llega a alcanzar una meta de trascendencia espiritual, Mario Parajón comienza por darnos algunas noticias biográficas. La vida del poeta se desarrolla en tres mundos sucesivos: primero en España, donde nace y vive durante su niñez; luego en Cuba, durante la adolescencia y parte de la juventud; y más tarde en los Estados Unidos, donde ha pasado la mayor parte de su existencia. Esos tres mundos han hecho de Florit un hombre de una cultura y experiencia muy variadas.

Mantiene, sin embargo, las mejores tradiciones y valores del alma cubana, y en un sentido más amplio, del alma hispana, como

143

el amor a la libertad, la dignidad humana, el sentido de la justicia y la pasión por la belleza y el arte.

Al hurgar Mario Parajón en los temas de Florit, se decide en seguida por el mar, como el más constante desde la aparición de sus décimas de «Trópico». El mar de Florit es, por supuesto, un mar cálido y musical como el de su isla, a la cual no se cansa de mirar y de contemplar con deleite. Podría recordarse aquí aquella original definición de isla que hizo Dulce María Loynaz, la poetisa cubana que como Florit, ha encontrado en el mar una fuente continua de inspiración. «Isla», según Dulce María, «es una ausencia de agua rodeada de agua, una ausencia de amor rodeada de amor».

Eugenio Florit sintió muy pronto el embrujo de la isla rodeada por todas partes de mar y de amor. (¿Por qué el odio se apoderó después de ella?) Según Mario Parajón, «lo que busca Florit en este mar primero, es el retorno sosegado de la niñez, a una niñez que no era tanto fantasía como reposo». Pero el mar le abre también caminos de esperanza en la juventud, «con su juego de saetas ilusionadas de cielo». El mar no es sólo el mar, es también el sol que besa las ondas en la mañana luminosa del trópico. El mar es también el cabrilleo de las olas. Pero su luz le viene del cielo, de la estrella lejana. Por el mar asciende el poeta hacia la búsqueda de la belleza y de la trascendencia espiritual.

Esta comunión con su isla, con su mar y con su luz que baña todo el paisaje de intenso color azul, y verde, y rosa en los crepúsculos, aviva en él su pasión por la poesía, por la belleza interpretada en palabras, recogida en imágenes, convertida en faena de incesante coloquio con el misterio.

Entre los temas que trata entonces, según nos recuerda Mario Parajón, está el de la mujer. Florit quiere que el Sol, que «hace estrellas de luz en el mar», le modele «una mujer fuerte... que sea de luz». Es una mujer ideal, como quizá sólo puede darse en el trópico, donde la luz es más intensa, donde la estrella resplandece en la noche con mayor nitidez. Sólo una mujer fuerte y llena de luz —iluminada— podría ayudar al poeta y guiarlo en su lucha intrépida por captar la belleza.

Pero ocurre en cierto momento que Florit se ve en el trance difícil de salir de su isla, de perder la perspectiva del mar y del trópico, y quizá de la mujer amada. Es entonces cuando Florit escribe: «Mar mío, ¿dónde estás?, ¿dónde resuenas?, ¿qué nave sentirá tus dedos fríos, tu palabra sin fin?»

Pero esa palabra sin fin acompaña ya al poeta para siempre. Ubicado en Nueva York, como empleado consular primero y después como profesor del Bernard College, de la Universidad de

Columbia, Eugenio Florit mantiene el recuerdo de su isla, de su mar, del cielo luminoso, y ese recuerdo le ayuda a conservar la pasión poética. Con cierto aire resignado, Florit menciona con orgullo «mis amores de ayer, las islas verdes, las floridas de todos los océanos».

Como dice Parajón en su libro, «la experiencia que el poeta está haciendo es la de la libertad». Renuncia a sus amores y a sus islas, para quedarse sólo con los recuerdos, para fortalecer el alma en la esperanza, «sin tocar nunca la última estación del camino, que es la estrella, pero viéndola, teniéndola delante». Si renuncia a todo lo demás Florit se queda con su amante de siempre, con la poesía.

Y ahora el requiebro poético adquiere un nuevo ardor. Quizá el alma haya salido fortalecida de esta prueba de ausencia. Para llegar a esta nueva estación en la travesía poética de Florit, nos dice Mario Parajón que «hay que dar un largo rodeo». En efecto, el poeta casi extravertido de «Trópico», cuya mirada iba del mar a la estrella, o se detenía en Dulce María en la misa, se vuelve hacia sí mismo, en busca de la verdad interior. En el proceso, el alma se hace más serena y grave, y más profunda su poesía.

Hay un poema de Florit que da la medida de este ascenso espiritual. Nos referimos a «El Martirio de San Sebastián», en que la voz del poeta adquiere acentos casi místicos. Los dardos que se le clavan a San Sebastián en la carne, como cilicios feroces, tienen forma de palomitas de hierro. En vez de una queja, el santo experimenta el placer del martirio. «Ya voy, Señor. ¡Ay! qué sueño de soles, qué camino de estrellas en mi sueño». Comentando el poema, Mario Parajón nos dice que «el poeta se identifica con San Sebastián... Son flechas, son dolores, pero son caricias, pero proporcionan una felicidad increíble, sin sombra de bajeza ni de humillación». Y San Sebastián recibe el martirio, con «el alma entre los labios».

Esta poesía de fuerte sentido religioso va a señalar el camino que se hace más frecuente en la poesía de Florit. Sin perder los nexos con la realidad circundante, hay como una elevación del espíritu hacia las estrellas, hacia Dios. Según otro de los mejores estudiosos de la obra de Florit, José Olivio Jiménez, «se trata aquí de una poesía de hondo modo preñada de una férrea carga existencial y trascendente». Es un camino interior, una morada del alma que conduce a la «sabiduría y madurez», para quedarse finalmente con el «hábito de esperanza». El poeta ha recorrido un largo y fecundo ciclo espiritual, para alcanzar lo que Mario Parajón describe como «saber del alma».

145

Durante toda la trayectoria de medio siglo, Eugenio Florit se ha mantenido fiel a la poesía, como una compañera inseparable. Poesía unas veces pura, con pureza de agua cristalina, o matizada en algunos momentos de barroquismo gongorino, o llena de misticismo y religiosidad, pero siempre la misma poesía eterna. Es una relación íntima y apasionada, que llega hasta su libro más reciente: «Del Tiempo y Agonía (Versos del Hombre Solo)». El poeta, dueño ya de su alta espiritualidad, nos confiesa que su tarea ha sido la de «tratar de decir lo que nunca fue dicho». Empeño difícil, quizá imposible, pero que muestra la autenticidad de su misión de poeta. El libro de Mario Parajón nos pone en la pista de este noble esfuerzo de creación artística, que honra a las letras hispánicas de América.

HENRY WADSWORTH LONGFELLOW: POETA DE DOS CULTURAS

«Parecía un hombre que había domado un águila». Así, con un breve trazo barroco, fue descrito el poeta norteamericano Henry Wadsworth Longfellow, en una de las crónicas que escribiera José Martí desde Nueva York.

Amaba Longfellow las cumbres, en que el aire es más puro y la visión del mundo más radiante. Domando la vida y el arte, ascendió hacia esas alturas. Se consagró tenazmente al esfuerzo creador, y llegó a ser un símbolo del romanticismo literario en América, la expresión de un período histórico y de una sensibilidad que nunca desaparece del todo, porque está arraigada en el corazón del hombre.

Este poeta, nacido en Portland, Maine, en febrero de 1807, fue uno de los pioneros norteamericanos en mostrar un gran interés en la cultura hispánica. Bastó que viajara por España, en marzo de 1827, para que se convirtiera en un adorador, para siempre, de la tierra de Cervantes y de Lope de Vega.

A pesar de que le habían recomendado que no fuera a España, por considerarse que este país se hallaba anárquico en aquellos tiempos, Longfellow encontró que Madrid era un lugar delicioso para vivir. «No he visto ninguna ciudad de Europa que haya satisfecho tanto mi fantasía como lugar de residencia».

Longfellow perfeccionó allí su español, que había estudiado en el Bowdoin College, de Maine, donde hubo de graduarse en idiomas modernos.

En carta enviada a su padre decíale Longfellow: «*With the French an Spanish languages, I am familiarly conversant, so as to speak them correctly and to write them with as much ease and fluency as I do the English*».

Una prueba de su dominio del español está en la escritura de una frase tan difícil como la siguiente: «Apenas llego, cuando llego a penas». No todos los que tienen el español como su idioma original podrían ufanarse de una ortografía tan correcta.

Aquella visita dejó una profunda huella en el espíritu romántico de Longfellow. Identificó lo español con cierto sentido generoso y noble de la existencia. En un libro que publicó varios años después —1833-1834— titulado *Outre Mer: a Pilgrimage Beyond the Sea*, dio a conocer Longfellow sus impresiones de la vida hispánica: sus ciudades, sus costumbres, su literatura y tradiciones. Seguía así la pauta iniciada por Washington Irving, el otro escritor norteamericano que, por esa época, había publicado *Cuentos de la Alhambra* y diversas obras sobre historia de España.

Al regresar Longfellow a los Estados Unidos, comenzó a enseñar español en el Bowdoin College, en el otoño de 1829. Además de la enseñanza del idioma, preparó libros de texto y dio conferencias escritas a los alumnos de grados superiores.

En 1834, Longfellow fue invitado a ocupar el cargo de director del departamento de Lenguas Modernas de la Universidad de Harvard, que estaba vacante por la renuncia de otro insigne hispanista: George Ticknor. Longfellow aceptó, pero decidió hacer primero un viaje a Alemania, para perfeccionarse en el idioma de este país. Los Longfellow partieron para Europa en abril de 1835, y el poeta no sólo estudió el idioma germano sino que añadió el holandés, danés, sueco y algo de filandés a su acervo idiomático.

Al regreso, en diciembre de 1836, inició sus tareas en Harvard, y allí estuvo casi veinte años, hasta 1855 en que renunció. Durante su estancia en Harvard, Longfellow se dedicó principalmente a dar conferencias y dirigir la enseñanza de idiomas modernos extranjeros, pues la instrucción de éstos se hallaba a cargo de profesores nativos.

Traducciones de Poesía Hispánica

El interés de Longfellow en la cultura hispánica quedó patente no sólo en sus tareas como profesor sino también en sus traducciones. La mayor parte de ellas las hizo durante los dos años siguientes al regreso de su primer viaje a Europa.

En 1831 tradujo al inglés un extracto del *Libro del buen amor*, de Juan Ruiz, Arcipreste de Hita, una selección de los «Cancioneros» y la famosa letrilla de Góngora «Ande yo caliente». También diversas poesías de Herrera y de Fray Luis de León.

En 1832, su año más fecundo en este aspecto de las traducciones, Longfellow vertió al inglés las «Coplas» de Jorge Manrique;

dos sonetos de Lope de Vega («Pastor que con tus silbos amorosos»... y «¿Qué tengo yo que mi amistad procuras?»); así como poemas de otros autores menos destacados.

Al año siguiente, Longfellow tradujo extractos del poema épico *Mío Cid*, y de obras de Berceo. También las antiguas baladas españolas «Don Nuño», «Conde de Lara» y «Río Verde».

En 1835 hizo la traducción al inglés de «Muy graciosa es la doncella», un poema de Gil Vicente. Diez años más tarde publicó un libro en Brunswick, Maine, titulado: *Novelas españolas y coplas de Manrique con algunos pasajes de Don Quijote*.

Hubo después una larga pausa, hasta 1874, en que hizo sus últimas traducciones del español. Seleccionó cuatro poemas: «Ojos tristes», «Alguna vez», «Ven muerte tan escondida», y «Negro guante en mano blanca».

Las traducciones de poesía española hechas por Longfellow llenan trece páginas de sus *Complete Poetical Works*.

En el prefacio a la *Coplas de Jorge Manrique* ofreció Longfellow sus ideas acerca de lo que constituye una buena traducción literaria:

El gran arte de la traducción consiste en el poder de expresar las palabras de un autor extranjero, al mismo tiempo que se preserva el espíritu del original. Pero en qué medida alguno de los requisitos de una buena traducción debe ser sacrificado al otro, y en qué medida un traductor está en libertad de embellecer el original, son asuntos en que no se ha llegado a un completo acuerdo... Del mismo modo que hay ciertas bellezas de ideas y de expresión en un buen original, que no pueden representarse plenamente en el material menos flexible de otro idioma, a veces también puede permitirse alterar las rígidas verdades del idioma y remediar el defecto en la medida en que pueda remediarse, mediante adornos cautelosos y ligeros.

Y en una conferencia sobre idiomas y literatura, comentaba Longfellow que «las traducciones son a los poemas lo que los retrato a los rostros. La traducción mejor es aquella que reúne más del espíritu, la forma y las frases del original».

He aquí, a modo de ejemplo, cómo Longfellow tradujo una letrilla de Santa Teresa.

Nada te turbe	*Let nothing disturb*
Nada te espante,	*Nothing afright thee,*
Todo se pasa	*All things are passing;*
Dios no se muda.	*God never changeth.*
La paciencia	*Patient endurance*

149

Todo lo alcanza	*Attainment to all things.*
Quien a Dios tiene	*Who God possesseth*
Nada le falta.	*In nothing is wanting.*
Sólo Dios basta.	*Alone God sufficeth.*

De acuerdo con Iris Whitman, autora del libro *Longfellow and Spain*, las obras de Longfellow de inspiración hispánica se dividen en tres categorías:

Aquellas que recuerdan sus viajes por España, como *Outre Mer* y *Castles in Spain;* aquellas que parecen inspiradas por la literatura española, como *A Psalm of Life, Torquemada, The Challenge* y *The Secret of the Sea.* Y aquellas que hacen meras alusiones a lo español.

En *The Spanish Student*, obra teatral, Longfellow sigue el tema de *La gitanilla,* una de las novelas ejemplares de Cervantes.

Por esta labor de inspiración hispánica, Longfellow fue elegido miembro de la Academia Española de la Lengua en 1877.

Una Experiencia Trágica

En el verano de 1861, el poeta norteamericano había sufrido una experiencia trágica. Después de un matrimonio fecundo y feliz, su esposa Frances se quemó accidentalmente y murió al día siguiente. Longfellow sufrió también graves quemaduras al tratar de salvarla, pero las heridas espirituales fueron aún más profundas y no sanaron jamás. Algún tiempo después, al ver cómo un rayo iluminaba el retrato de Frances, escribió Longfellow: «Nunca alma tan blanca fue llevada a su descanso por el martirio del fuego».

Longfellow, en medio de recuerdos íntimos, siguió trabajando en su casa de Cambridge, Massachusetts, en la cual escribió la mayor parte de su obra literaria. Al lado de la ventana, Longfellow había sembrado un árbol de naranjas, lleno de azahares. En su mesa de trabajo había un retrato del poeta inglés Coleridge. En una pared un cuadro del Tintoreto. Allí le sorprendió la muerte en 1882.

En un artículo para periódicos de la América latina, el exiliado cubano José Martí comentó así la muerte del poeta:

Ya ha muerto Longfellow. ¡Y qué hermoso fue en vida! Tenía aquella mística hermosura de los hombres buenos, la arrogancia magnífica de los virtuosos, la bondad de los grandes... Sentía a veces una blanda tristeza, como quien ve a lo lejos, en la sombra negra, rayos de luna; y se le llenaban de relámpagos los ojos. Luego sonreía, como quien se vence. Parecía un hombre que había domado un águila.

Después de casi un siglo de su muerte, todavía las gentes acuden a su casa de Cambridge, para rendir homenaje de recuerdo al poeta de las luengas y níveas barbas, como las de Whitman.

EL IDEAL HUMANISTA: SHAKESPEARE Y CERVANTES

Por una curiosa coincidencia, hija del azar o de una voluntad suprema, murieron casi en el mismo día las dos figuras más sobresalientes de la literatura moderna en Occidente: Miguel de Cervantes Saavedra y William Shakespeare. En realidad, de acuerdo con los calendarios entonces vigentes en sus patrias respectivas (el gregoriano en España y el juliano en Inglaterra) la fecha de la muerte fue la misma: 23 de abril de 1616. Habían vivido existencias muy diversas, habían hecho su obra en desiguales condiciones y ante públicos fuertemente peculiares, pero estaban ambos animados por la llama del genio, suscitaron risas y lágrimas al conjuro de la magia creadora y dieron a su obra un perfil de belleza inmortal.

Cervantes y Shakespeare incorporaron a la literatura un vigoroso ímpetu creador, capaz de modelar mundos maravillosos con la imaginación, pero sin perder el contacto con lo humano y con la realidad circundante. Combinaron dimensiones antagónicas, para que sus obras reflejaran toda la vasta complejidad de la vida. Don Quijote y Sancho van aliados en la misma aventura, y Ariel y Calibán conviven, pugnando, en esa alada obra poética de *La Tempestad*.

Vivieron Cervantes y Shakespeare en una época matizada de hondos conflictos. Era un mundo de transición, en que junto a los nuevos estímulos que impulsaban el avance histórico, pervivían aún viejas supersticiones y oscurantismos, como residuos de la sociedad caduca. Las investigaciones sobre la antigüedad, los descubrimientos que ensancharon al universo físico, la difusión de las ideas mediante la imprenta, habían abierto ante el hombre nuevos e insospechados horizontes.

Llamamos Renacimiento a ese poderoso movimiento cultural que extendió su radio de acción sobre los principales países de

Europa a partir del siglo XIV y que produjo sus logros mayores en la centuria XVI. La cruzada renacentista procuró una mayor libertad para el hombre, independizándolo de trabas dogmáticas. Con las nuevas oportunidades para el quehacer histórico, merced al descubrimiento de América, se abrían también perspectivas de superación cultural. Se acercó más el hombre a la realidad física y le descubrió sus leyes, se adentró en la empresa creadora con ahínco, aprendió otra vez del gran tesoro de conocimientos de la antigüedad, y su óptica histórica se vio iluminada por los resplandores de una nueva época.

De esa leche se alimentaron Cervantes y Shakespeare. Sintieron el influjo del mundo naciente, y llevaron a la literatura las contradicciones, los ideales y los sueños del hombre moderno.

En Inglaterra reinaba Isabel, cuyo gobierno se caracterizó por un sabio equilibrio. Fluctuando siempre entre tendencias opuestas, entre el matrimonio y la virginidad, entre la autoridad enérgica y el espíritu benevolente, su reinado trataba de evitar los extremos. Refiere J. Dover Wilson que «la Reina Virgen fue venerada por sus súbditos porque les dio estabilidad» y que cuando los embajadores extranjeros inquirían el secreto de esta estabilidad, ella bailaba como para explicarles en qué consistía el equilibrio.

En España, la Contrarreforma y el absolutismo imponían sus normas a un pueblo de fuerte raíz individualista y amante de la libertad hasta el límite de la anarquía. A la actitud conciliadora y de influencia erasmista de Carlos V, sucedió el régimen de Felipe II, quien puso al Estado al servicio teológico, sin admitir discrepancias. Cervantes nació bajo el siglo del Concilio de Trento, y tuvo que luchar más duramente para conservar su espíritu de libertad frente a los fanatismos acérrimos.

Vida y Obra de Shakespeare

Parte de la vida de Shakespeare —niñez, adolescencia y vejez— se desarrolló en Stratford-on-Avon, donde fue bautizado el 26 de abril de 1564. Su padre había sido un comerciante acaudalado, y desempeñó puestos importantes en la villa, entre ellos el de alcalde. Su madre, Mary Arden, era una católica ferviente —en época de persecución religiosa en su país— provenía de una familia de campesinos ricos y tenía un alto concepto del honor.

Poco se sabe de la educación de William Shakespeare. Se supone que asistió a la escuela primaria de la villa, donde adquirió conocimientos de Latín y recibió una cultura de carácter literario, posiblemente completada con ávidas lecturas, pues la imaginación despierta del muchacho le impedía ajustarse al curriculum oficial. Hay que considerar también la impresión que ejerció en su imaginación el lugar de su nacimiento. Stratford, enclavado en el condado de Warwick, en el centro de Inglaterra, está rodeado de grandes olmos, colinas, fuentes y paisajes, que deben de haber influido poderosamente sobre la mente poética de William Shakespeare.

El resto de su vida, desde la juventud hasta su madurez triunfante, se desarrolló en Londres, adonde llegó como un perfecto desconocido, y en pocos años logró ser el primer autor dramático de Inglaterra. Hacia 1594 había alcanzado el pináculo de su carrera. El artista y el empresario, el poeta y el dramaturgo conquistaron plenamente al público de Londres. Los otros autores famosos de la época desaparecieron como por encanto, y el reinado del teatro quedó en las manos de Shakespeare. Lo conservó hasta su muerte.

Tres períodos diferentes se observan en el ciclo creador del dramaturgo. El primero corresponde a las comedias y dramas históricos, en donde se manifiesta un halo radiante de optimismo y juventud. El segundo está cubierto por la sombra, por la tristeza. Pertenece a la etapa de las tragedias. Por último, una recuperación del equilibrio dramático, de la sonrisa creadora, se observa en sus obras finales, teñidas de idílico romanticismo. El espíritu de la bondad y de la luz logra imponerse a la maldad, al universo de las sombras. Acaso sea simbólico que *La Tempestad,* con su mito de Ariel y Calibán, culmine la producción dramática de Shakespeare.

La tendencia general de la crítica, especialmente en la época victoriana, fue la de exaltar el valor de las tragedias shakesperianas y prestar escasa o menor importancia a sus comedias. El imponente retrato de pasiones humanas que revela al ciclo trágico, relegó las comedias a un plano secundario. Sin embargo, nuestra época tiende a hacer mayor justicia a Shakespeare, al no olvidar la lozanía y gracia de sus comedias, que muestran al autor más sereno, maestro en el conflicto dramático e imbuido de un jubiloso entusiasmo por la vida.

Shakespeare escribió dieciséis comedias. Los temas carecen de originalidad, casi todos extraídos de fuentes extrañas. La novedad descansa en la forma, en los finos trazos sicológicos El poeta recoge viejos argumentos, y les imparte nueva vida. No es de extrañar que los veneros en donde bebió su fantasía —novelas italianas, farsas de Plauto, crónicas históricas— hayan sido olvidadas por el público. Sin embargo, las obras de Shakespeare viven aún, y todavía conmueven al espectador moderno, tratándose de *El Mercader de Venecia, El Sueño de una Noche de Verano, Como Gustéis, Las Alegres Comadres de Windsor,* o *Trabajos de Amor Perdidos.* A este período pertenecen no sólo los principales dramas históricos, sino la tragedia *Romeo y Julieta,* que lo es por su desenlace, pero que se desarrolla en un ambiente juvenil y romántico.

A comienzos de la nueva centuria, (1600) ocurre una profunda transformación en Shakespeare. Casi todo lo que sale de su pluma tiene un aire sombrío, de fuertes pasiones en conflicto. Fue el período de las grandes tragedias. Desde tiempos de Esquilo, no se oía una voz tan poderosa en los predios de la literatura. Esas obras reflejan las vías de la desgracia y la desesperación, de la ambición y la muerte, de los celos y la perfidia, de la duda melancólica y el cansancio del alma.

Algunas de las tragedias —como *Julio César, Antonio y Cleopatra,* y *Timón de Atenas*— tienen origen histórico, basadas en las *Vidas* de Plutarco. Lo histórico presenta aquí tanto relieve como lo dramático. Otras, como *Otelo* y *Romeo y Julieta,* están animadas de claridad meridional. «Tienen de común la atmósfera del Mediterráneo», ha dicho Pedro Henríquez Ureña. La desesperación y la maldad no habían conocido límites semejantes ni la duda formas tan dramáticas.

Hamlet separa dos épocas literarias. Hasta entonces, los temas fundamentales se referían a la lucha del hombre con el medio, para afirmar su ambición de gloria, de felicidad o de amor. Pero en *Hamlet* los obstáculos externos son sólo un motivo para producir el desdoblamiento interior. Como ha dicho la escritora inglesa Edith Sitwell, «Hamlet es una historia de cacería, la de un hombre que caza su propia alma, o la verdad de su propia alma, y que nunca la encuentra».

Si bien en algunas otras de las piezas dramáticas de Shakespeare se encuentran algunos conatos de esa tendencia, acaso con mayores relieves en *El Rey Lear,* ello es sólo un antecedente que prepara la tragedia del príncipe danés. En la lucha del alma por encontrarse a sí misma y realizar los mandatos de la conciencia, Shakespeare descubrió un nuevo continente literario, y en Hamlet nos dio una criatura eternamente viva.

El Hado Adverso de Cervantes

La vida de Cervantes fue una larga serie de infortunios. Desde que vino al mundo, en 1547, en la ciudad de Alcalá de Henares, hasta que se despidió de él sesenta y nueve años más tarde, pareció rodearlo casi siempre un hado adverso. Poco se sabe de su juventud, salvo que fue discípulo del humanista López de Hoyos, de quien seguramente adquirió profundos conocimientos de literatura.

Luego, a diferencia de Shakespeare, que siempre fue un ciudadano pacífico, Cervantes abrazó la carrera de las armas, lo que le sirvió para viajar y adquirir muy valiosas enseñanzas. Vivió durante varios años en Italia, donde se relacionó con las fuentes de la cultura renacentista, intervino en combates navales y perdió un brazo en Lepanto. Cuando se disponía a regresar a España fue apresado por los piratas, permaneciendo cautivo por cinco años en Argel. Toda esta vasta experiencia le permitió medir la distancia entre el ideal y la realidad, entre el sueño de la voluntad heroica y el mundo vandálico. Con el cuerpo maltrecho, como Don Quijote, pero con el espíritu fortalecido por la prueba de la lucha y del dolor, Cervantes volvió a la patria para emprender nuevos combates.

Empieza entonces su segunda vida. Tras de servir todavía como soldado en Portugal, contrajo matrimonio y comenzó a ejercer la profesión de las letras: escribió novelas y produjo obras para el teatro español. Tuvo poca suerte, principalmente en el teatro, que estaba sometido entonces a la hegemonía todopoderosa de Lope de Vega. Este fracaso lo alejó por un tiempo de las actividades literarias. Se dedicó a funciones administrativas, ganando apenas lo necesario para vivir. Como recaudador del fisco, tuvo diferencias con las autoridades y fue enviado a la cárcel. Las incomodidades y el infortunio no le arredraron, sin embargo. En una inmunda prisión concibió las ideas y el argumento del Quijote, y allí lo escribió, regalando al mundo un tesoro de arte.

El resto de su vida fue todavía, por un lado, la lucha contra la pobreza, que constantemente le acechaba, y por otro, la labor creadora que, a pesar de la incomprensión de sus contemporáneos, le harían figurar después como el primer escritor de la lengua española. Murió sin que la gloria lo cortejase, pero legó al mundo una obra imperecedera.

En Miguel de Cervantes confluyen las principales corrientes de la literatura hispánica. Ramón Menéndez y Pidal ha señalado, en acucioso ensayo, la influencia que el Romancero ejerció en la obra cervantina. El glorioso manco aglutina en magnífica síntesis, los elementos provenientes de la gesta popular y de la literatura culta anterior a él, para fundirlos en un nuevo estilo. Su novela, que se nutre de todo el pasado literario, es sin embargo profundamente innovadora. Vemos en ella lo picaresco y lo pastoril, la añoranza épica y la pasión romántica al estilo de Calixto y Melibea, pero en servicio de una inspiración literaria que utiliza los más variados ingredientes para crear su retablo de maravilla. Él es el Maese Pedro de las criaturas de su imaginación.

Los Personajes Cervantinos

Cervantes forjó un mundo literario nuevo, que se extiende de lo real a lo ingrávido, de lo humorístico a lo trágico, y del idealismo absoluto a las urgencias de la vida cotidiana. Sus personajes tienen ese hondo sentido contradictorio propio de la flaqueza humana. No sabemos todavía si Don Quijote es un héroe, o un loco, o un simple hidalgo maniático. Posiblemente tenga de todo ello. La trascendencia de Cervantes y de su sátira consiste precisamente en que presenta al hombre en una dimensión de plenitud, como sujeto de grandezas y de miserias. La obra de Cervantes es de cierto temblor intelectual, porque él ha visto como nadie y conoce bien los secretos de esa extraña aventura que es la vida: de ahí que sus propios personajes evolucionen, se contradigan y se muevan en planos distintos.

Cervantes es un escritor que sintetiza a una época y a un pueblo, en sus tremendos conflictos, en su voluntad heroica, en sus desvelos místicos y en su individualismo inflexible. Pero la obra de Cervantes alcanza una significación universal, porque sus personajes pertenecen también a la humanidad. Su influencia abarca a todas las literaturas modernas, que se han nutrido de su sonrisa irónica, de su candor trascendental, de su don extraordinario para penetrar en los misterios del corazón humano.

Cervantes ha seducido a múltiples generaciones de lectores con ese su poder de encantamiento, con esa magia literaria que convierte en castillos de fantasía la realidad sórdida de las ventas y de los caminos por los cuales deambuló su genio.

Don Quijote y Sancho, sus dos personajes esenciales, encarnan la mayor grandeza y la más rústica condición. Es sabido que Cervantes escribió su extraordinaria novela como una sátira contra los libros de caballería. Pero en el desarrollo de su labor, el propósito inicial queda en segundo plano; el autor ahonda tanto en la urdimbre sicológica de los personajes, nutre la fábula de experiencias tan sabias de lo humano, que hace de su obra un símbolo literario universal de penetrante agudeza.

Razón tenía el Ama al atribuir a los libros la locura de Don Quijote. Y más aún, la Sobrina, cuando propone quemarlos en una hoguera, «sin perdonar a ninguno, porque todos han sido dañadores». En efecto, Don Quijote, en la soledad de sus lecturas y de sus meditaciones, se forja una imagen distinta del mundo, una imagen donde el honor, la caballerosidad y las virtudes morales son la norma suprema. No quiere aceptar la triste realidad que le rodea. No quiere avenirse a la mediocridad, la miseria, la falta de libertad. Su idealismo actúa como una tangente salvadora en el círculo vicioso de la circunstancia que lo asfixia. Hubiera muerto de ahogo si no se lanza a embestir los molinos de viento, si no enciende su espíritu con el entusiasmo de la acción épica.

No importa que los gigantes no existan ni que su fantasía vea ejércitos en manadas de ovejas. Sabe que la maldad tiene su asiento en la Tierra y que hay que luchar contra ella. Podrán errar el brazo y la espada, pero la causa final, que es meta de justicia y de amor, no se desarraigará del corazón del hombre.

El poder persuasivo de Don Quijote es tal, por la fuerza de ese idealismo que alimenta su espíritu, que hasta el descreído y rústico de Sancho llega a sentir su influjo moral. No es que Sancho vea entes fantásticos donde los observa el ingenioso hidalgo, sino que ocurre algo aún más trascendente: Sancho asimila el ejemplo del honor caballeresco y de la conducta acendrada. Cuando le conceden el gobierno de la ínsula Barataria, Sancho Panza prueba que no ha sido en vano su aventura quijotesca. Se comporta con una rectitud admirable, al extremo de que al abandonar el cargo, puede proclamar su autoridad del modo más fehaciente: «Cuanto más que saliendo yo desnudo, como salgo, no es menester otra señal para dar a entender que he gobernado como un ángel».

Aquella alma primitiva y aldeana de Sancho, que sólo se refocila en los placeres de los sentidos, se convierte en una entidad angélica, precisamente al enfrentar la experiencia más tentadora y propicia a toda corrupción. La pedagogía idealista del Quijote tiene aquí la prueba mayor de su eficacia. Hasta el realista más empedernido, hasta aquel escudero que se mantuvo siempre sereno ante sus obras, se ve subyugado por la belleza moral que irradia el ilustre manchego, y en el momento de la prueba, sucumbe a su hechizo: «Antes me han de tener por tonto que por ladrón».

Don Quijote puede equivocarse en el objeto de sus arremetidas heroicas, pero combate por bienes morales que son meta constante del hombre: la honra, el amor, el decoro, la libertad. Y lo hace con una tenacidad indomable. Aunque el propio Cervantes lo presente a veces con perfiles ridículos, para descargar su sátira sobre los libros de caballería, no hay duda de que la sustancia ética del héroe ejerce una cautivadora e irresistible influencia sobre todos los que se le acercan y le siguen en sus descomunales hazañas.

La locura de Don Quijote no proviene de sus ideales, que simbolizan la más alta moral y sentido de la justicia, sino de desfigurar los obstáculos que se oponen a ellos. Los molinos de viento no eran gigantes, como suponía el Caballero de la Triste Figura, pero hay monstruos del mal con rasgos tan ominosos como los que vislumbraba Don Quijote al enfrentarse con sus enemigos imaginarios.

Tal vez si Cervantes hubiera pensado más sobre el título de su libro, había caído en la cuenta de que debió denominarse *Don Quijote o la Ilusión*. Por encima de todo y más allá de cualquier caballería, el hidalgo manchego representa la posición espiritual frente a la vida, el ansia vehemente de perfección y justicia, la aventura de la inteligencia que quiere dominar el horizonte. Ilusión de un mundo rígido por los valores del alma.

Paralelo Final

Colocados ahora frente a frente, Cervantes y Shakespeare se contemplan y se admiran. Como hemos visto, sus vidas se desarrollaron bajo signos bien distintos. Ambos fueron luchadores de recio temple, pero Shakespeare concentró todos sus esfuerzos en lo literario, en cambio Cervantes dedicó gran parte de su vida al oficio de las armas. Shakespeare disfrutó del triunfo literario más completo; Cervantes no supo sino de derrotas continuas, de amargos incidentes, de una irremediable pobreza. Pero ambos tenían una grandeza espiritual que estaba por encima del triunfo y de la derrota.

La obra de Shakespeare tiene un inconfundible acento poético. Su lirismo anima las páginas mejores de sus comedias, dramas históricos y tragedias. El lenguaje de Cervantes es más seco y su poesía más intelectual. En Shakespeare la sensibilidad es quizá más delicada y aguda. En el autor de las *Novelas Ejemplares* observamos, en cambio, mayor consistencia, madurez emocional más lograda, una serenidad clásica que asiste al drama del mundo con una sonrisa.

Hay entre uno y otro enormes distancias de temperamento, de estilo, de formación cultural. Cervantes fracasa en el teatro, que es el terreno de los triunfos de Shakespeare. Fracasa también como poeta, según él mismo confiesa: «Yo que siempre me afano y me desvelo por parecer que tengo de poeta, la gracia que no quiso darme el cielo». En poesía, Shakespeare tiene un encanto cálido e inefable.

La gracia de Cervantes está en su prosa exquisita, que domina como un coloso. Nadie se le acerca, nadie se atreve a disputarle el terreno. Allí estará por los siglos y los siglos, como un príncipe soberano del reino universal de las letras.

El nexo profundo entre Shakespeare y Cervantes se encuentra en el conocimiento que ambos tienen de los misterios del alma, con sus pasiones, conflictos y sueños. Por las páginas de Shakespeare desfilan el amor y los celos, la generosidad y la usura, la grandeza de alma de Lear o el desgarrado drama interior de Hamlet. También en Cervantes surge el cortejo de pasiones que se apoderan de sus personajes y les dan la vigorosa intensidad de arquetipos. Don Quijote, Sancho, la Gitanilla, el Licenciado Vidriera, entre otros muchos, muestran la gama contradictoria del alma.

Hay en Cervantes y Shakespeare finalmente esa conexión básica que proviene de la genialidad creadora, esa poderosa vitalidad del espíritu que es capaz de formar, con el material anárquico y disperso de la experiencia conjugada con la imaginación, mundos nuevos con espacio libre para la aventura, el ensueño y el amor. En ambos se combinan las dos vertientes de la realidad y la fantasía, fundidas por la llama de la grandeza espiritual.

ÍNDICE

Este libro se acabó de imprimir
el día 15 de mayo de 1980,
en el complejo de Artes Gráficas
MEDINACELI, S. A., General
Sanjurjo, 53, Barcelona-25 (España)